100 ausgewählte Gedichte

Widmung: Dem Prof. Helmut Richter, Direktor des Johannes-R.-Becher-Institutes, der Uni Leipzig (DDR) angegliedert, dann (D). Als Dank für all die tiefen, guten Gespräche während meines Studiums mit meinem Mentor dort vor Ort.

August-Wilhelm R. F. Beutel
Meine 100 Gedichte

August-Wilhelm R. F. Beutel

100 ausgewählte Gedichte

Bibliografische Information der Deutschen Nationalbibliothek:
Die Deutsche Nationalbibliothek verzeichnet diese Publikation
in der Deutschen Nationalbibliografie; detaillierte bibliografische
Daten sind im Internet über http://dnb.dnb.de abrufbar.

© 2020 August-Wilhelm R. F. Beutel
Satz, Umschlaggestaltung, Herstellung und Verlag:
BoD – Books on Demand

ISBN: 978-3-7519-9255-8

Inhaltsangabe

Mein Werk „100 ausgewählte Gedichte" gliedere ich folgendermaßen

Zu Beginn: Eine kleine Übersicht

Mit dem letzten Drittel meines Lebens, begonnen mit Kindheitserinnerungen …! Mein Geburtsort, Hamburg-Stellingen: 1937 im Zweiten Weltkrieg ausgebombt usw. Es folgen Auszüge aus den Büchern, die anfangs unter dem Pseudonym »Marcus Barrell« entstanden. Zurück zum Geburtsnamen, in Erinnerung an meine lieben Eltern, um hier, in Bargteheide an einem Buchenhügel (Hünengrab), der mir anfangs den Atem nahm, auszuruhen. Diese Urmacht Pflanze ließ mich gedanklich niederknien vor diesem Naturbild »Baum an Baum«, himmelsstürmend in diesen Bäumen, aufgenommen zu sein.

Also sammelte ich aus meinen Büchern einige mir am Herzen liegende Texte heraus, um davon dieses Büchlein »Das große Wunder Wort« zusammenzustellen …

Ich beginne hier mit der Ouvertüre Kinderheimat etc. und einigen Erklärungseinheiten vorweg, um dann diese 100 Gedichte folgen zu lassen.

Ein Hinweis meinerseits in eigener Sache

Bei meiner Lyrik am Ende einer Zeile verzichte ich teilweise auf den Beistrich, sprich Komma, um meine Gedankengänge an dieser Stelle nicht zu unterbrechen.
Ich bitte um Verständnis.

Einklang

DER Glaube ist jedermanns tiefste Bewusstseins-Einheit, wortlos befreit, mit Licht in jegliche Schatten einzudringen!

DAS Glauben, da wird die Verinnerlichung zur demokratischen Wurzel freigesetzt: Also Achtung!

Somit tendiert die Sprache zum Wechselspiel. Dort beginnt Schillers Wunder Sprache, in der steten Annäherung zwischen DER und DAS sein tiefstes Inneres zu wahren: gleich jeglicher Religion, Politik, Gesinnung etc.!

Hier liegt die Quelle des eigentlichen Wunders: Sprache. In der steten Annäherung zwischen Einheit/Vielheit DER und DAS sich zu lichten.

Sich näherkommen!
Verstehen wollen:
Das ist der tiefre Sinn!
Darum meine »wortlosen Worte« HIER: und doch Wort an Wort: Selbst an Selbst!

Einführung (Duden)

»Syn… (griech.) (mit … zusammen)
Synästhesie, die (griech.) med. Miterregung eines Sinnesorganes bei Reizung eines anderen.
Sprachlich ausgedrückte Verschmelzung mehrerer Sinneseindrücke.«

»Synästhesist«, das ist mein abgeleitetes Verständnis, als Selbstfindung im Wort meine Sinne zu verbinden, die sich bei mir lebenslang einfanden und immer noch einfinden!

Tag um Tag … Jahr um Jahr, bis auf den heutigen Tag.
Somit machte ich mich zum »Synästhesisten«. Ursache, Quell, Ausgangspunkt, durch das Wort, sich und all die anderen, zu verstehen: »die Sprache als ein Vehikel zu gebrauchen, um die Mannigfaltigkeit der ganzen Welt zu durchfahren.« So schließe ich mit Wilhelm von Humboldt, der sich so 1805 äußerte.

»Der Synästhesist«
Meine Erkennungsmelodie zum Beginn: Thema BEUTEL!
Mit dem Fangnetz in beiden ausgestreckten Armen und Leibgürtel mit BEUTEL für die gesammelten Pilze, Kräuter, Beeren usw., so fand der Ahnenforscher heraus, alle sie, die heute noch diesen Namen tragen, waren einst Jäger und Sammler. Somit kehre ich HEIM, Jäger und Sammler von Gedanken zu sein. Und ich suche noch heute das Wort für das Wort. Was geschah? Ich fand wenigstens mich: A.-W. BEUTEL benannt: ich.

Der Synästhesist
»ich bin« ein Jäger mit den Augen: Friede.
»ich bin« ein Suchender im Wort nach mir: Verschwiegenheit.

»ich bin«, so glaube ich, noch ungeboren: Liebe!
»ich lebe« außerhalb der Zeit: Bin ich noch tot?
»ich bin« der »reichste Mann« der Welt, denk ich an all mein
      Fühlen: Sehen.
»ich bin« mit all dem Reichtum dieser Welt bestückt.
      Ich lebe heut und hier!
»ich bin« zum Sehen für das Morgen mit der Liebe ausgestattet,
      in all der Dunkelheit noch Licht zu sehn.
»ich bin« ein Jäger, »ich liebe«, also lebe ich.
      So fand ich mich in meinem »Ich bin«:
      Der Synästhesist.

Beutel
August-Wilhelm

Romantik/Realismus sollten nur im Einzelwert Endpunkte sein.

Heute sind sie nur noch Eckdaten einer Zugehörigkeit, die sich vorstellt, nur eins zu sein. Irgendwann begann dieser Baum (Wort) sich zu entblättern. Und die Zeichen »beide« flohen in das Nichts hinaus. Der endlose Raum blieb, er war wortlos allemal. Doch es durchbrach ein Morgenlicht das Abc und bat mich aufzuschauen. Was sah ich? Vor mir im Quadrat aufgebunden den Atem zu richten: Zärtlichkeit wies alle Chiffren, Zeichen, Symbole aus der Dunkelheit heraus in ihre Schranken.

Wenn du die Blätter im Baume
geistig zum Blühen bringst,
die Alltäglichkeiten abgehalftert
schnauben siehst, dann bist du dort, im
Zaum, das Wörtchen Zärtlichkeit
jenes Jubilieren, das dir den Ernst
des Lebens in die deinen Hände legt.

Du bist im »Ich-Sinn« (Rudolf Steiners),
dem höchsten der zwölf Sinne, seiner Skala
eingekehrt, sie alle überwunden zu haben.
Dieses Frei ist allerdings ein tiefes Verbundensein
mit jener Zärtlichkeit, jedes Blatt am Baum
erblühen zu lassen. Mögen alle zwölf Sinne,
die unteren vier, die folgenden vier mittleren
und die vier oberen Sinne, eingegliedert dir
diese Zärtlichkeit sein, tiefst im »Ich-Sinn«
das Leben zu leben – von Moment zu Moment –
einfach Mensch zu sein … (Punktum!)

Das große Wunder WORT

ist der verschlüsselte Gedanke
sich ins All hinauszubegeben.

Dort, wo Licht und Schatten sich erlösen
in der Innigkeit ein Bild zu weben,
»hier« beginnt der Strom

die Kreise aufzubrechen, um den Punkt
des Jenseits hier erkannt
aufgelöst, ihn ins stille Heim zu holen

in die geöffnete Hand!
Jenen Titel zu kreieren
den das Leben auferstehen lässt.

Das große Wunder Wort
im Gespräch mit einem Partner
oder auch im Selbst, jenes Mosaik

zu legen, Stein bei Stein, dem Inhalt
jene Form zu geben
in jeder ARENA »selbst« zu sein.

Ein Mosaik zusammengesetzt
mit allen Sinnen – h i e r –
will ich stets aufs Neue beginnen.

Im Farbspiel Mosaik
dem Spiel der Andacht:
Wort bei Wort.

80 Jahre Wegbegleiter: *Worte!*

Sprache wurde notgedrungen hier
Verständigung. Doch wo sind die Orte
alle nur geblieben – euch und mir?

Eine Auswahl möchte ich an dieser Stelle
treffen. Aus dem Reiche der Symbole
öffnet Aug und Seele mir die Welle
die Verstehen bringen sollte, bis zur Sohle:

eingereiht in die Regale, Jahr um Jahr
Augenblick auf Augenblick. Selbst das Herz
das dem Verstand die Weichen stellte, war
von der Geburt an oft nur Schmerz!

So, die Auswahl öffnete die Differenzen
hin zum Schatten und zum Licht.
Möchte Gut und Böse euch kredenzen.
Beide Seiten, das ist »meine Lyrik-Pflicht«.

Oft ist das Verstehen nicht allein am Wort gebunden.
Manches Mal wird selbst das Gut im Reden: List.
Darum möchte ich's »romantisch-realistisch« runden
das im Schmerz – das Licht euch nimmer mehr vergisst.

Differenzen liegen wie zertretne Wörter auf der Straße.
Jeder Abstand löst ein Höhlengleichnis aus.
Jeder Glaube wird zum Lichte, in dem Maße
wie du verlässt mit dir dein eignes Haus.

DDR-Zeit

15 Jahre Interessengemeinschaft zur Pflege der niederdeutschen
Sprache in Dömitz an der Elbe.

Auf den Minenfeldern grasen
heute Schafe. Rotbauch-
Unken künden uns sirenenhaft:
»Der Festungsgraben ist
gewesen!« Literaten trafen sich
die ihre Sprache liebten – gegen …

… Festung, Zäune, Mauern usf.!
Mit Niederdeutsch
verteidigten sie verbotenes
Gedankengut: Heimat, Seele usf.
Verbotene Sprachen gab es überall
auf dieser Welt! Plattdeutsch war
hier ihr stiller Protest. –
… Zeile für Zeile … Wort für Wort!

Hölderlin: »Und wer vermag sein Herz in einer schönen Grenze
zu halten, wenn die Welt auf ihn mit Fäusten einschlägt?«

Homer: »und der Dichter sagt nur, was die Musen ihm kund-
tun.«

Peter Sloterdijk: »Der Philosoph und der Dichter betreten von
entgegengesetzten Seiten dieselbe ARENA. Auf diesem Schau-
platz wird gesagt, wie es im innersten Sinne um die Welt steht.«

Irgendwo (z.B. dt. Einheit)

Irgendwo
ein Krokusköpfchen …

Irgendwo
ein Glöckchen: weiß …

Irgendwo
ein sonniges Eckchen …

Irgendwo
zerschmolzen das Eis …

Irgendwo
ein verlassenes Wörtchen …

Irgendwo
Grenzzäune: Neues Joch …

Irgendwo
ein ganz neues Gestern …

Irgendwo
(…) immer noch

Irgendwo – wird –
eine neue Knospe nach der Knospe
mir mein neuer Regenbogen sein.

… Irgendwo …
Einheit: … So oder so! …

Atmen am Hügel der Buchen

Wie immer grüne Lichtdioden
wie eine Schutzschicht
Welt, im Weltmeer: Sein
fand ich ein stilles Schweigen
außerhalb des Hastens

… ich atme ein …

Wie Türenknarren
wie ein Mondscheinrasseln
wie eine unvergleichlich
liebe Nacht – Idee, fand ich
ein Wort, wie Tau des Morgens
still und friedlich …

ich atme aus … ich atme ein …

Klappentext nach innen weitergeleitet

Dort, wo Bilder sich im Wort vereinen
ist der Sinn für Ziel und Zweck
ein minder kleiner Plan, das Weinen
in ein Lächeln umzuwandeln: keck!

Keine gelehrte Schrift herauszubringen.
Zielangabe mir alleine ist das Licht.
Die ganze Spannkraft, wie beim Singen
ist der Morgenröte, Taggedicht:

eingefangen ohne Latein.
In der Muttersprache
ganz allgemein
aus der Träne – Wasser – Lache

das zu schöpfen, was die Farbenliebe
Eins, und so der Sinne sieben,
einzuleiten in das Mosaik »weltweit«
Stein bei Stein, das Wörtchen: Z e i t.

Synästhesie – (Syn.) (reth.) sprachlich

ausgedrückte Verschmelzung
mehrerer Sinneseindrücke.
  Zusammen, auch das ist Syn!
Gemeinsam das »Ich bin«
in meinen Floskeln wiederzufinden.

***

Wir gehen
bleiben stehen
in lauen Lüften, den linden.

Und das Ding »ich« löst sich auf
wird wortentfernt
Ursprung im Verlauf!

Das Mosaik ist bekernt
mit dem Sinn »ich bin«
immer das Syn – im Sinn!

Teil des großen Mosaiks zu sein:
mal groß
mal klein!

Sprachlich selbst nur ein klitze-
kleiner Wicht
in der Ewigkeit des Mosaiken-Lichts!

Hausgeburt

Anfang und Ende: EINS

Geboren, das ist tiefstes Lichtempfinden!
Eltern, Oma, Opa zu erfreun.
Sich ein Lächeln abzuwinden
das Grau des Alltags zu zerstreun.

Mutter glücklich, nicht am Toten-
sonntag ich geboren. Montag ein Uhr Tagbeginn.
So umflatterte die Zeit, um fröhlich auszuloten,
das, was Eltern, so, kam in den Sinn.

Aufgalopp, so möchte ich das Leben nennen.
Einen Startschuss froh der erste Schrei:
Licht und Schatten zu erkennen.
Manche Träne, sie, war auch dabei!

Das, was menschlich schattenhaft und rein
mag am Ende nur ein Anfang sein.

… Hausgeburt …!

Das neue Menschenhaus

All die Mosaike zu verwalten
Kreis und Viereck zu gestalten
um zu klären ab, den eignen Horizont.

Mancher Krumen war belastet
mit der Menschheit Schritt behaftet
ungesehen, wo sich das Licht besonnt.

In der Tagesstratosphäre glitzert auf
der Spiegel Schein:
das Taggeschehen, ständig zu beschaun.

So verbaue ich den Stein, der Wellen Lauf
bis ins Nirwana hinauf, mit dem einen Bein
die Sinne trösten: ein neues Menschen-Haus zu baun.

Ouvertüre

Aus den ersten Versen des meinen sogenannten »Verlags der Schreibmaschine« entstand das erste Büchlein – handgebunden – »Ein Dorf schaut mich an«, Kinderwörter: Jugendzeit! Daraus ein paar buntgefärbte Bilder, Kriegskind gewesen zu sein: 1937 geboren!

*   *   *

DAS Gebet

Lichtmomente eines Poeten!
Menschen knien und beten
vor dem großen Stand-Altar: Der Krieg!
Vergangenheitsbasar: wortloses Mosaik.

Dieses Gebet wird ewig wortlos bleiben
wie das Klirren der Fensterscheiben
beim Bombenhagel um Mitternacht.
Hamburg brennt! Der Sieger lacht.

Und ich?
Blieb im Gebet für mich!

Die Liebe

Heute sah ich die Liebe:
eine Blütenknospe.

Heute sah ich einen Menschen:
ein Kind.

Heute ging ich
dem Tag verloren

ich sah die Knospe
Blüte werden

mit einem Kinder-
lachen – vereint.

Und ich? Ich stand da
»vor mir« mit offenem Munde.

Lächelnd ward die Blütenknospe
in Gedanken ein Kind!

Heute? Da sah ich die Liebe wieder:
eine zarte Blüte im Abendwind.

Der Sprung hinein in die Kindheit: ausgebombt …!

Als ich als Kind
noch barfuß
über die Stoppelfelder lief

und mich in Erdlöchern
vor den Granaten verkroch
da begann etwas

in mir sich zu regen:
Gedanken über Menschen.

***

Heute

Das Feld ist hier zu Tode begüllt.
Und im Zenit erlischt mein Wort
vom Frühling selbst noch abgefüllt:
Macht, Reichtum nur ein bittrer Sport.

Ich gehe über Felder? Nein.
Tränenerfüllt ist meine Seele:
Großvater rief mich HEIM.
Das Saatgut in seiner Wörterkehle
verschmolz zu Stein.

***

Türen

Wenn ich nur nicht jene Kinderkrankheit
ablegen würde, im Dorfe ungeniert
von Tür zu Tür zu gehen, um zu fragen:
»Wie geht es euch … etc.?«

Die Stadt ist wieder meine Heimat geworden,
»Tausende Türen«, Fremde, keiner ließ mich ein.
Und ich fand heraus, dass ein Stückchen Papier
»beschrieben« Türen öffnen kann.

Ich hab sie endlich wieder, die Gefühle,
jene Kinderkrankheit, die erwachsen wurde mir!
Ich gehe wieder von Tür zu Tür!

***

Mein Gedicht ist die Stille
zwischen zwei Atemzügen.

Mein Gedicht ist der Lärm der Stille
die das Blühen bringt mir aufs Papier!

Mein Gedicht ist der Übergang
von Sein und Zeit zum Bild,

Knospen in Blühen umzuwandeln.
Mein Gedicht, das bin ganz einfach: ich!

Kinderkrankheiten

Masern, Keuchhusten.
Ein blaues Auge, ein gebrochenes Bein.
Kinderkrankheiten
stellten wie von selbst sich ein.

Alles wurde gemeinsam ausgefressen.
Die gestohlenen Äpfel gemeinsam gegessen.
Die Schläge bekam ich allein –
ich stand dafür ein.

Heute: im Erwachsensein
dieselben Kinderkrankheiten sind's
von denen ich mich nicht lösen kann.

*   *   *

Kinder

Auf den Wiesen liefen sie dahin:
Kinder.

Als Erwachsene mussten sie sich
dann zuerst betrinken
um für das Wiesenlaufen
eine Ausrede sich zu erkaufen.

Bewusst Kind sein,
ist das nicht manches Mal
echtes Erwachsensein?

Wechselspiel

Ein Esel, der vom vielen Laufen müde geworden,
seine Lasten abwarf, fragte seinen Herrn:
»Warum trägst du nicht einmal die Lasten
den Berg hinan?«

ER ging heute hinterdrein, seinen Herrn
zu scheuchen, der von dem Tage an die Lasten trug.

Im Grunde sind beide arm, denn
der Eine wartet nur auf »den Moment«
wo er den Anderen zum Esel machen kann!

»Man könnte gemeinsam die Lasten tragen«
sprach irgendeiner, den man n i e zum Esel
machen kann; er packte an!

Spiele

Die Erwachsenen zogen in den Heiligen Krieg
»fürs Vaterland«!

Und in der Kinderheimat, im Dorf riss
eine Handgranate meinem Freund beim Spiel
ab die eine Hand.

Gehe ich heute in die Spielzeugparadiese
frage ich mich, warum man Kindern
Waffen zum Spiele(n) geben kann!

***

»Warum wollen Menschen herrschen?«
so fragte ich als Kind.

»Das sind Auserwählte«, sagte
ein anderer Herrscher mir.

Hitler verlor den totalen Krieg:

»Auserwählt«!

Darüber werde ich mein Leben lang
nachdenken!

***

Ein Zaunkönig wollte im Gefieder des Adlers höher fliegen
als der Adler selbst; so erzählt es ein Märchen.
Und ich sah am selben Tage noch endlos viele Menschen,
die Zaunkönige sind …!

Ein bitteres Märchen

Es gibt ein weises Märchen,
so lehrt es die Schule.
Ein sterbender Vater vererbte seinen DREI
Söhnen einen Weinberg, und darin einen Schatz.

»Grabt nur danach!«
seine letzten Worte waren.

Sie gruben und gruben,
und nach Jahren begriffen sie,
was der Vater damit meinte.

Der Weinberg brachte den drei-
bis vierfachen Gewinn.

Dieses Märchen stammt aus einer Zeit
wo Arbeit noch ethisch war und rein,

denn?, bei einem Schatz, der
im Berg begraben läge,
wer hätte »heut« die Reben geschont?

Ein bitteres Märchen
        ein schändlicher Betrug!

Auf den Ä(E)hrenfeldern

Auf den Ä(E)hrenfeldern grünt die Saat.
Auf den Ä(E)hrenfelden wurde gehegt, gepflegt
gearbeitet, von früh bis spat.

Auf den Ä(E)hrenfeldern keimt und blühte es
dem Lichte entgegen, der Arbeit zum Segen.

Auf den Ährenfeldern erntet stets der kleine Mann
so gut er kann, für die Ehrenfelder.

Auf den Ährenfeldern werden Holzkreuze verwehn.
Auf den Ehrenfeldern werden Denkmäler stehn …

… doch geblüht allein haben die F e l d e r!

Alarm

Nächte …
Kellernächte …
Angst. Gebete. Schreie
in unendlicher Stille endend:
Sprachlosigkeit

Alarm, Träne des Erkennens.
Herzklopfen, betrachte ich

das Gestern meiner Jugendzeit.

Sirenen heulen auf.
Noch heute schrecke ich zusammen
klingt dieser fürchterliche Ton
vom Turm:

Sirenen künden Mittagszeit.

Gestern mit Heute zu verbinden?
Das ist das Morgen
für meine Zeit!

Kindheit/Jugendzeit

Mit fünf war ich erwachsen
musste es sein. Krieg trieb
uns aus Schutt und Asche heraus.

Zerstört war das Haus. Hamburg getötet.
Mein tiefster Atem schwieg. Die Häuser leer:
ausgebrannt. Und die Stimme, die
liebkosend uns umsorgte: Liebe sie!

Mutter schwieg. Kein Lächeln am Himmel.
Kein glutig Wangenleuchten im
kindlichen Gemüt, nur Glut
letztes Zucken der Flammen, der
Sieger, die sich austobten.

Kindlich das Verlangen.
Rosarote Wangen.
Hände reichen dem Gesicht
das Wesen dort am Horizont:
Das Kind, es schweigt.

Zu meiner Person

Mein alter Dorfschullehrer
PÄSCH schrieb, ich
fünf an Jahren –
mein Zeugnis, es bestand
aus einem Satz:

Ein halbes Jahr war kaum vorüber,
da kam die Beurteilung –
sie musste sein:
G e s e t z!

Und was schrieb er
auf diesem kalten Bogen?
Ein Zeugnis mir
bis auf den heutigen Tag

»A… ist ein großer Träumer!«
mehr stand dort nicht.
… und seine Unterschrift.

C Hauptwerk

Erster Schritt zu meinem Anliegen dieser 100 Gedichte

Dort, wo Kreis und Quadrat Einheit werden
löst sich jedes Wort hin zur Diallele …

Dort wird der Reim zum Sonett »Der
Atem, das unsichtbare Gedicht« Rilkes …

Dort, wo die Seele blauäugig sich zu erkennen gibt
halte ein, es wird dein eigener Atem sein …

Dort, wo das Licht den Kegel erdrosselt, zu sehen
beginnt das Wort sich aufzulösen …

Dort, wo du vor deinem Atem auf und ab
stolzierst, ein Held zu sein …

Dort, stell für Momente das Atmen ein:
Quadrat und Kreis reichen sich die Hände …

und Rilkes »unsichtbares Gedicht«?
Wird irgendeine Zahl, ein Abzählreim:

Ich atme ein und blühe auf, ganz klein
das Moment erkannt: Mensch zu sein.

Das gläserne Wort ist mir ein Zeichen
durchsichtiger Gedanken. All das
fällt in die Rubrik: Chiffre,
Benennungen. Einblick aus der einen
Leere in die andere.

Dazwischen findet das statt, was im Grunde
immer wortlos bleiben sollte!
… ich atme ein … ich atme aus! Das ist
des meines Lebens Haus: mein WORT!

Könnten alle Sinne »SEHEN« dann wäre es fürs
Ohr ein Leichtes, selbst den Klang in Folie
einzutüten, um das Wort mit aller Gewalt
hörbar, fühlbar, sehbar zu machen.

Alle Sinne genannt, das ergibt dann jenes Wort
DAS, was im Grunde kein Begriff sein kann,
da die Achse des unsichtbaren Gedichts
dem Atem stört … ich atme ein: Licht bei Licht.

Das gläserne Wort blieb ein Fingerzeig
im Antlitz der Sonne: meine Melodie …!

Wilhelm von Humboldt schrieb 1805: »Im Grunde ist alles, was ich treibe, Sprachstudium. Ich glaube die Kunst entdeckt zu haben, die Sprache als ein Vehikel zu gebrauchen, um die Mannigfaltigkeit der ganzen Welt zu durchfahren.«

Meine Welt HIER, die drei Teile meines Lebens! Eins: Kindheit, Jugendzeit. Zwei: Erwachsensein (Werden)! Und drei, der Moment, wo ich im Alter, dem letzten Drittel, zurück (und auch voraus) schaue.
Meine 100 von mir ausgewählten Gedichte sind meine Welt: eins, zwei und drei.
Das letzte Drittel (Lebensdrittel) ist ein erneutes Aufwärtsblicken, Himmel und Erde versinnbildlicht als große (1) Einheit zu betrachten: mein buntes Mosaik.
Meine mir liebsten Sinne (Syn) Entäußerungen des bisherigen Lebens zusammengefasst als (1) eine Gesamt-Bildfläche reinster Bilder zu entäußern, krankheitsüberwindend, tiefste Schicksale zu verarbeiten, um so »die Mannigfaltigkeit der ganzen Welt zu durchfahren«.
Diesen Wort-Bild-Band meines poetischen Daseins, Augenblick auf Augenblick, zu entäußern.

Viele große Philosophen, Poeten, Menschen und so fort wurden Quellgeber mir. Doch? Mein Leben selbst gab die Parole aus: Heraklit zu folgen in sein »Tusculum« (aus dem Altrömischen, ruhiger Landsitz).
… 7 A, Haus der Ruhe, am alten Hünengrab in Bargteheide, meinem poetischen Feldherrnhügel, dort, wo die Natur mächtige Buchen – menschzeitüberlebend – im Quell, letzte Lichter in mir befrein: ich klitzekleiner Wicht in seinem neuen Daheim: …
»Der Synästhesist« ist angekommen dort, wo auf dem Hünengrab ein Buchenwall riesiger Bäume mir entgegengeträumt.

Poetisch? Das wäre das eigentliche Wortbild dieses Natur-Schauspiels eines in sich gekehrten Gemäldes auferstehen zu lassen, von Mensch und Natur erneut zu berichten.

Ich atme hier
in meinem Tusculum
»Haus der Ruhe«
so die Ortsangabe, dort,
wohin es mich verschlug.
Nach 26 Jahren aus meiner angestammten Heimatstadt, Hamburg, (wegen Eigenbedarf des Eigners) herausgeboxt: ... Hals über Kopf in Bargteheide gelandet! Noch lebt das, was vier Jahre lang mit OPs und Bestrahlungen sich aufmachte mich zu erdrücken. Meine Rettung war die POESIE meiner Philosophie. Ganz einfach ausgedrückt die Muttersprache: das Wort »Schillers Wunder«, unsere Sprache, und das (die) weltweit.
Das letzte Drittel meiner Erleuchtung »Mensch«, zu sein, möge mir die Luft zum Atmen geben, an diesem Buchen-Wall, hier, im Anblick dieses Naturwunders, die Allheit Welt (meinem Atem Wort) mich noch lange am Leben zu erhalten.
Ich ein klitzekleiner Wicht: ein Synästhesist.

Einstiegs-A r i e

Ich bin doch einfach nur
geboren, wie 's Blatt am Baum
wie 's Wort auf Deinen Lippen
Sonnenrand, um zu vergehen
in dem Atmen, das die Wiese
grünen lässt: ein Blatt am Baum!

Ich bin doch einfach nur
gewachsen, wie 's Blütenblatt
wie 's Leuchten Deiner Augen
Paar, um zu verstehen
all das Blütenweiß, das in den
Wiesen paaret sich – Licht im Baum!

Ich bin doch einfach nur
gealtert, wie die Frucht am Baume
wie 's Denken Wort wurd' und
dein Abschied: Zeit-Vergangenheit.

Blumen sind die Akkorde des Himmels
Worte, Wörter: Knospen des Lichts.

1

Der Synästhesist

Meine Augen sind vergeben.
Jetzt wird es Zeit, mit den Ohren zu sehen
und mit dem Gefühl das Leben
in Blick-Kontakte umzuwandeln. Im Gehen

das Rauschen der Blätter
ihren Gesang ins Auge einzubauen
um über – die Irismatten – das Geschmetter
in Blickströme umzuwandeln. Schauen

als tiefste Sinnlichkeit
in die Netzhaut einzubauen.
Dieses Trunken der Blicke in der Poesie

in alle Sinne weltbefreit
ins Blau der Weltmeere zu vertauen.
Sehen mit allen Sinnen zu begehn: Wie?

Mit deinen eigenen Sinnen
in der unendlichen Poesie!

2

Warum ich trotzdem über Blumen und Bäume schreiben möchte?

Auf der Suche nach Menschen

Lichter gehen auf die Reise
kreisen ein die Zeit, der Abend fällt.
Bringe Sterne mir ans Himmelszelt
so bitt ich leise, damit nicht gar so dunkel
dieser Reim im kalten Nachtgewand zerfällt.

Die Andacht, mich, dem Tag zu geben
verband die Augen mir. Ich
floh in jenes Kämmerlein mich
mit Wort und Wörtern zu umgeben
um nicht – Menschliches zu leben:

Mord und Totschlag stand vor meiner Tür.
Der Tag zerfraß das Licht, das ich mir
in die Wörter eingebären wollte.
Der Vögel Sang erlosch, die Tür fiel knarrend
in das Schloss. Und? Am Ende dieser Nacht

da waren alle Lichter fort, die ich
eingefangen – Wort bei Wort. Winter
war's, die Hände klamm, und eisig
auch das Wort, das mir im Mund erfror.
Menschsein, das ist Lichter auf die Erde senden
in dem Alltag die Befruchtung zu beenden

alles Aufbegehren an dem Tag zu wenden,
ertränken Politik und all die Machtbereiche
die nach außen menschlich insgeheim
Pomp und Gier, das Selbst in sich befrein.

Gandhi schlug man tot: Wollt' er wirklich
menschlich sein? Oder wusst' er selbst
bis zu seinem Tode nicht, was dieses Mensch-
sein ist, das, was Gandhi uns einst vorgelebt?
»Verborgene Schatten künden vom Licht!«

Als Indien sich von England löste, da
sagte ich meinen Freunden:
»Sind die Engländer aus dem Land vertrieben,
bekriegen sich die Inder untereinander!«
Und siehe da, Mord stand auf dem Programm!

Haben die Sikhs, die Ceylonesen, wie immer
sie heißen mögen, ihren eigenen Staat, dann
bekriegen sie sich weiter – wie gehabt.
Weißer Turban gegen roten Turban usw.
Bis? Bis sie an einem Punkte angelangt sich fragten:

»Was ist überhaupt Mensch?«

Im Abschlachten der Wesen haben sie
sich selbst die Antwort gegeben.
Das ist so: Hier wie dort …!
Darum möchte ich im Grunde weiter
von Blumen und Bäumen schreiben,

auf der ständigen Suche … nach Mensch!

3

Mein Vermächtnis

Es kam der Tag, da
waren meine Hände Sonnen.
Dunkelrot verfärbte sich
mein Wort. Augen funkelten
in meinem Blut, das Selbst
erkannt zu haben. Im
Licht gebar das Nichtwort

sich in Fragen um. Ich
verstand. Alle Schatten
dieser Welt sind die Skelette:
Menschen. Im Widerschein ergab
sich die Verbrüderung des Seins
das Geben aus dem Selbst
muss neu belebt dem Blute

Auge geben, damit das Antlitz
Mensch in sich noch weiterleben kann!

4

Auf dem Wege, per Bus und Troika –
von Moskau nach Wladimir, der alten Hauptstadt
Russlands

Arkadische Töne auf der Straße des Lebens

Es gibt einen einzigen Ton
– in der Musik …
das Volkslied Russlands
das Lied der Sonne, in
Neapel »zu Hause«, den
FADO-Gesang Portugals
und die Seelen-Sprache Lied
auf der ganzen Welt.
… Sie … Er … Es … verbindet.

Ich spürte ihn als Kind
in einem Dorf, dort, wo
sich zwei Flüsse treffen
wo ich als kleiner Junge
mit einem russischen
Krieggefangenen, der
bei meinen Großeltern
zwangseinquartiert war:
Erntehilfe
zu leisten, da spürte ich
diesen Ton, ohne
damals zu wissen, was
(wie) mir geschah!

Wo er ging, stand, arbeitete,
da malte er Kinder-
Gesichter an die Wand:
Schreie, Hilferufe, wunder-
same Töne, die den Raum
D o r f füllten. Eine unendliche
Melodie verband uns. Ein
paar fremdländische Töne – dort –
ein Kinderlied über meine Lippen
geträllert – hier – und doch
Einheit ein einziger Ton.

Irgendwo töteten sich Russen-
Deutsche bestialisch und
auch sie hatten (haben) diesen
Ton in sich und mussten
i h n unterbinden, um
das gemeinsame Lied, das
überall auf der Welt seinen
gemeinsamen Ton hat, zu unterdrücken.

Denke ich an russische Kriegs-
gefangene, dann sehe ich
dieses kleine Dorf (mein
Kinderdorf) in Deutschland, das
ebenso im fernen Russland
sein Zuhause hat, so
wie ich's selbst er-
leben durfte, eine Troikafahrt
durch den eiskalten Winter
bei Wladimir. Schnee
knirschte unter den Kufen

der drei Pferde, die einen
Schlitten zogen. Er hinterließ
eine Spur: Notenlinien
für diesen einen Ton.

Die Wodka-Flasche kreiste. Nicht
ganz Herr meiner Sinne
flog dieses Lied in den Abend.
Dunkle Wälder flogen vorbei. Ab
und an eine kleine Datscha: Ein
Licht in irgendeinem Fenster
einer kleinen Kate, die abseits
in der Dunkelheit in mir
das Lied Neapels wachrief.

Eine einsame Träne, unbemerkt
für meine Mitreisenden der
Troika-Gruppe, floss dahin …

in jenes ferne wunderbare Land:
»Einmal Arkadien und zurück!«

5

Erinnerung an Tannenbäume
und an Menschen. Bomben fielen überall
tausendfach und mehr: flammende
Häuser, flammendes Inferno: Mensch?
Soldaten rannten auf Soldaten los: töteten.
Tannenbäume erhellten den Himmel, damit
die Soldaten besser töten konnten.

Soldaten trieben Soldaten übers Haff, bei
Königsberg: Soldaten! Warum es
Soldaten mussten sein, fragt ihr?
Wären es Menschen, dann wär's Mord.
Und das wissen die Soldaten!

Oh Tannenbaum, oh Tannenbaum:
wie hell ist die Erinnerung an deine Lichter!

6

Die alte Burg mit ihren Zinnsoldaten
das war Weihnacht. Das Dreirad
frisch bemalt für das nächste Kind.
Die Puppe aus Stoffresten zusammen-
geflickt hatte ein neues Auge
ein neues Kopftuch – vom Weihnachtsmann.

Die gebackenen Plätzchen – Anis
Pfeffernuss und Mandeln, wenn es sie gab.
Einen Abend, ohne an Krieg zu denken
sich mit einem Lächeln Frieden schenken.
Den Nachbarn anrufen: »Schlug bei euch
etwas ein?« Bombenfrei, auch das: Weihnacht!

Die gebackenen Äpfel aus der Bratröhre
von Oma liebevoll gewendet. Der eine
Becher Milch vom Liefergut abgezwackt.
Das Zucker-Ei, das Oma mir schlug
erst das Weiße, dann das Gelbe hinein-
gezuckert – o – das war meine Weihnachtszeit.

Die Kerzen gezündet, wenn welche vorhanden.
Verdunkelung, Lichterzauber – Friedensfest!
Kinderaugen sind mir bis heute geblieben
drum sitze ich hier – und vor mir im Schnee
die alte Burg – liebevolle Hände – und überall
der ZINNSOLDAT!

7

Weihnachten 1943 ... usw.

Mancher saß in Trümmern
weinte das Elend heraus
war im Keller zu Haus'.

Diese Zeit nahm uns
für Zeiten das Lächeln ab.

Bomben groß und größer schmückten
uns den Gabentisch: Heilige Zeit?
Eine brennende Kerze erinnert mich ...

und ich denke doch voraus.

8

Erinnerung an Hamburg vor 1943

Aus der Erinnerung verfing sich wie ein leichtes Sehnen
hinein in all das Raunen, das der Wind
im Heulen und Zerschlagen angerichtet
mich zu sehn. Der Klingel-Gaukelspiel
die Sirenen zu enteisen, um Hamburg
von der lichten Seit' im Sonnenschein zu sehn.

Verdrängung, sie gebar den Lichter-Kegel um,
die meine Kindheit bombenträchtig
in die Seele schreien ließ: »Alarm! Alarm!«
Und Kinderbeine hasteten in feuchte
dunkle Kellerräume: Vergangenheit
ist Teil der Zukunft allemal. So

erinnert sich die leidgeprüfte Kinderseele
an Mord und Totschlag als Begrüßung
eine Welt aus Stein, die zerschossen, Schutt
die ganze Stadt in Trümmern fallen sah.
Aus der Erinnerung ist manches Lächeln
doch geblieben, wenn Vater, Mutter offenbarten mir:

»Das ist der Krieg. Doch bald wird alles wieder
schön und friedlich, hell und rein in Hamburg sein!«
… doch die Erinnerung an 43 blieb! …

9

Weihnachtszeit

Es flieht die Dunkelheit ins Grenzgetöse.
Der Traum, ins Paradies zu schaun, ist fort.
Die unbekannten Sterne – Kinderwort –
verblassen, wie das Welken einer Rose.

Man schmückt den Baum, wie eine Herbstzeitlose
die an das Blühen denkt, der Kinder Hort
und treibt der Lichter Schiff, in einen Port
wo Alltagswellen glätten der Mimose

Angesicht. Kerzen für die dunkle Nacht
erleuchten mich, um aufzubrechen, Liebe zu leben
für einen Seelenblick Hass, Neid aufzuheben
aufzuschauen in die ganze Pracht

dieses Licht im Worte zu befrein.
Zur Weihnachtszeit, das stell ich anheim
»das ist meiner tiefsten Seele Keim«
wir sollten alle wieder einmal Kinder sein:
Weihnachtszeit!

10

Zwischen Weihnacht und Neujahr (Nietzsche-Haus in Sils Maria, Schweiz)
Diesen Zwischenraum der Jahre drei durfte ich Hüter dieses Hauses sein.
Buch- und Kartenverkauf und kleine Führungen durch das bunte Archiv eines großen Philosophen. Das Haus, das die Titelseite meines Buches »Meine 95 Thesen« ziert, wird zur Zier mein innigstes Vermächtnis bleiben, über alle Zeit hinaus.

Weihnachten in Sils Maria

Kahle eingefrorene Gebilde:
Bäume. So sitz ich am ersten
Weihnachtstag – still –
behütet dort: wie einen Schatz
verstecke ich die Träume:
Blumen, überall!

Weißgetüncht der Halm
das Haus
in klirrender Umgebung:
Winter.
In dem Fenster nebenan
ein Licht. Aus dem Kamin
quirlt wie ein kleines Wunder
Arvenholzgeruch empor.

In mir ist Weihnacht eingekehrt
über alle Zeit hinaus.

11

Vor dem Bunker meiner Kindheit
(Sückau – Amt Neuhaus – Elbe)

Hier finde ich das Licht
um meine Augen zu erlösen.
Hier fand als Kind ich
Zugehörigkeit. An dieser
Stelle wurde das Gebären
aufgehoben – hier – fand

heute ich das Grün der Bäume,
sie, die mich beschützten vor
dem Bombentod. Hier
fand ich mit Sand bedeckt
zurück zum Sein!

Heute sind die Kuhlen gras-
bewachsen, und welkes Moos
liegt trocken auf dem Grabe.
Wir lebten tot, nur
noch nicht atemlos.

Ein kleiner Pilzhut »heute«
blattbedeckt, schaut keck
in diese Runde, wie ich
der damals aus dem Bunker kroch
um endlich wieder Licht zu sehn.

12

Weihnachtszeit

Am Sternenhimmel ist ein neues
Leuchten aufgegangen. Aus einer
andren Ewigkeit ein Stern
sich mir am Himmel zeigt.

Ein Brennen in den Augen, so
begann das Beben. Anfang
einer zauberhaften Sternenzeit.

In jener Runde, die
mir irgendwann ein Licht gegeben
das kometenhaft am
Horizont verglühte – Staub
im All vergeht – seh ich –
sehe nicht, aus einer Dunkelheit
heraus die Erde schweben!

Am Sternenhimmel Leuchten:
Weihnachtszeit.

13

Gestern war ich noch ein Kind und weinte. Heute bin erwachsen ich und weinte tiefer noch als je zuvor. Morgen? Da werde ich im Alter all mein Weinen als Gratwind eines Lächelns sehn.

Vergebt
dass ich in Wörter kleiden möchte
was in der Zauberwelt
des Außenwortes Licht gebären kann.

Vergebt
dass ich in Buchstaben verkleide
was in der Ewigkeit der Zeit
einst Schatten wird.

Vergebt
dass ich von mir berichten möchte
als ob ich selbst ein Teil von
eurer Zeit könnt sein.

Vergebt
dass ich im Sonnenschein der Au
mein Lächeln in die Feder legte
es verfärbte schwarz auf weiß.

Vergebt …!

14

Un-Kultur

Neulich sah ich mich niederknien
vor einem abgestorbenen Baum.
Ihn, den ich als Kind bewässerte, um aufzuziehn
sein Blüten-Blätterdach in der Endlichkeiten Raum.

Himmelwärts floh ständig mein Blick
ging ich an ihm vorbei. Heute?
Da lag er tot in meinem Arm.

Erdrosselt, von der Un-Kultur. Zurück
blieb nach dem Ab-Gewässer-Brei
nur noch der Äste toter Arm.

Das »grüne Blatt«, sein Atem war zerfleddert.
Und in dem dunklen Erden-Rund, der sein
Atemgrund, begann ich Blatt an Blatt zu beweinen.

Durchnässt von Tränen, die den Gedanken heimwärts zogen
begann ich arg zu zittern. Das ist der Prolog
meine Sinne aus dem Sumpf von Abfall und Chemie
zu erheben, mit der die Welt die Erde selbst betrog: s i e

… Die Un-Natur …!

15

Berge hinauf denken
Schneefirn im Sonnenlicht
trinken. Auf dem Gipfel
All empfinden: so das Tal
dem Selbst hirnfühlend
kälteüberwindend, Gipfel
zu erkennen: Mensch!

Überwinden bedeutet nicht
alle geistigen Vorgänger, Nietzsche
Sokrates, Kant, Goethe, Buddha
Jesus, Prometheus, besser
erkannt zu haben, als sie es
selbst für möglich hielten: nein
mein Überwinden heißt für mich

diesen, meinen Schritt zu gehen, mit Ihnen
auf der Straße des Lebens ... zu lächeln:
ganz klein ... und?
Trotz alledem: Mensch zu sein.

16

Natur 2020

Unkultur
welch ein Wort

dieser stille Akkord
sich nach Kultur

gesehnt zu haben.
Jetzt kehre ich heim:

die seinen toten Gaben
im Jenseits der Allheit
das Menschsein zu laben.

Das Glas Wasser – rein –
nur in meiner Feder Vokale.

Ich schloss mich ein
um irgendwo noch Kultur zu sein.

Auf der Spur, frei von Un-Kultur:
Kultur 2020!

17

Gefangen in einer Amphore

Nur Mauern, Gitterstäbe: Leere!
An den Wänden entlang, im Ver-
dauungstrakt eines Tieres, das
sich Menschheit nennt. Im Kot

der Zeit von Abschaum, Macht
und Ekel, Raffsucht und Gier
das Luftholen vergessen im Schrei.
Im Mythos ergeht die Tat

das Licht nach außen zu bringen
ins Wort …; Mauern überall!

18

Widerstand

Wie sag ich's meinem Kinde
das nicht schwarze Rillen auf
schwarzem Grund erkennen kann.

Wie sag ich's dem Volk, das befreit
vom Frieden und Krieg, es so
nicht weiter leben kann.

Wie sag ich's dem Weibe, das jenseits
von Hass und Liebe
ich geboren bin zu sein.

Wie sag ich's dem Feinde
dass ich ihn brauche
um Mensch zu werden.

Wie sag ich dem Freunde, dass
ich ihn brauche, um zu ermessen
wo die Wahrheit eine Grenze hat.

Wie sag ich's meinem Kinde? Und
ich spürte, der einzige Weg zu ihm
ist es, Kind zu sein …!

Und ich sah das wortlose Wort
werden, und Blüten wieder Knospen
und riesige Bäume: Spross!

Wie sag ich's meinem Kinde, dem Volk
dem Weib, dem Freund, dem Feind?
Da fiel mir ein: Ich hatte alles längst gesagt.

Ich müsste jetzt nur noch EINS,
mich zu verstehen, und ich begann
wieder Kind zu sein.

19

Lichtumwallt durchtanze ich die Wörter
ungeachtet der bemalten Zärtlichkeit
Tränen zu gewahren
diese feuchten Zähren –
Ausdruck der Vergänglichkeit.

Daheim geblieben liegen
die Gedanken wortlos

auf dem Kanapee
beäugen so die auf-
geheizte Atmosphäre
im Nationenstreit:
Krieg war angesagt! Wort
du lasterhaftes Gegensatzgetöse
störe nicht den Frieden: Mensch!

Außerhalb der Wesen schwiegen alle Uhren
tiefste Stille ringsumher, so laut wie nie zuvor.

20

Der Boden der gläsernen Amphore

Jeder gibt sein Bild hinein, als Gen
als Wesen, so, im Sinne Mensch
in die Amphore! Zu füllen sie
gewollt auch ungewollt. Die Einheit
Glas durchblickt der Menschen
Kern – von nah und fern, das
Selbst zu schaun. Töten ist

fest anberaumt Gesellschaftsspiel
bis hin zum Brudermord.
Macht steht auf
der Tagesordnung. Doch schaut –
oh seht! Der Apfel hängt noch immer
im Erkenntnis-Baum.
Ich glaube nicht, dass Adam oder Eva

bissen je hinein. Wo, bei all dem Mord
der Welt, sollte die Erkenntnis sein?

21

Sie war noch Hauch, ein Strom-
schlag im Wipfel eines
Augenblickes. Ein Flackern,
ein Blitz-Gewitter in
dunkelster Nacht. Erste Liebe
tönt das Wort zum Kanon
eines Wörterbuches, das neu
geschrieben alle Sinne ändern kann.

In den Händen Tropfen:
Diamanten. Aufgelegt in die Glut
des Anbeginns, zu sprechen, dass
der Schatten dieses Licht nie
einverleiben kann. Gefesseltes
Universum, du stilles Blättersäuseln
angelegt im stummen Bereich
alle Wörter umzuschreiben, gleich

der Münzfabrik, die prägt: Angesicht
auf Angesicht, dir die neue Welt.

Jedes Wort geprägt, bleibt in sich bestehn
wird Einheit nie, als Münze geprägt, vergehn.

22

Ritterlich im Streit

Gegner sein heißt einfach
aufgewacht
dem Visavis
mit blanker Stirn entgegentreten.

Bestandteil einer Gegnerschaft
der Wörter-Ritter, der sich
in die Mitte der Arena stellt
den Webstuhl – Wort – bedienend

dort, wo Faser, Wolle auf-
gesponnen dir
zum Faden wird:
der Gedankengang.

Gegner, wahre Gegner
streiten ganz allein
um der Wahrheit Glut:

Ritterlich zu sein!
Der Sieg dann ganz geheim
gehört so den beiden!

23

Ich – der Andere
Du – der Andere

Wir sind eingestellt
stets der Andere zu sein.

Morgen will ich mich verändern
meine Hand dem Selbst
geschenkt … verleihn.

Morgen will ich meine Sinne
rändern, in dem Chaos
selbst zu sein!

Ich werde wohl immer der
A n d e r e sein!

24 (für Edith)

Wenn sich die Sterne
in einem Ort versammeln,
dann weht ein Schein
von Glut aus meinem Wort
heraus, die Welt der Wesen
zu befruchten, mit jenem
Sternenleuchten: aufzuschaun!

Wenn sich der dunkle Himmel
aus dem Alltag dröhnend
herunterwirft auf mein Gemüt
dann glänzt aus deiner Hand

jene Zärtlichkeit
die Wolkenschieber spielt.

25

Dort, wo sich am Rande
– links und rechts des Regen-
bogens – die siebente Farbe
zu erkennen gibt, dort
beginnt mein Wort.

Dort, wo sich am Rande
– links und rechts des Satz-
gefüges – das Denken
zu erkennen gibt, dort allein
bin ich zu Hause.

Dort, wo sich am Rande
– links und rechts Arkadiens –
ein Regenbogen bildet
ist der siebente Himmel an-
zusiedeln: wortlos wie das Licht.

Dort endet mein Wort
zum lichten Hier!

26

Jedes Blatt ist
Fingerzeig
ein Augenzwinkern –
aus dem All
Erde zu begrüßen.

Jedes Wort von dir
ist Fingerzeig
den Zauber
in den Tag hinauszuleben
sich aufzumachen

in die Seligkeit
einander zu verstehn.

27

Ich fliehe weiter mit einer kurzen Erinnerung an
Wolfgang Borchert. Geboren am 20. Mai 1921 in Hamburg,
verstorben in Basel am 20. November 1947, am Tage der Ur-
aufführung seines Stückes in Hamburg.

»Ich möchte Leuchtturm sein
in Nacht und Wind
für Dorsch und Stint
für jedes Boot
und bin doch selbst
ein Schiff in Not!«

***

Die Wortgrenze erreicht, dort
wo es nach Borchert keine Vokabeln
gibt »für das Seufzen sterbender Häuser
für das metallische Geschrei der Granaten«!

An dieser Stelle läuft mein Geist
wie ein gefangenes Tier an Gitter-
stäben auf und ab, und sieht
am fernen Firmament: Ufer? Nein!

Neue verschlossene Türen: Sehen
stellt sich ein: der neue Horizont.

28

Hochhäuser

So viele Fenster, und doch kein Haus.
So viele Türen verschlossen und doch Flure:
endlos. So viele Töne gebären Stille, die
erfrieren lässt, Hochhaus, deine Fenster
sind verlogen. Leuchtreklame.
Neonröhren sollen Wörter ergeben?
Welch ein Trug bebildert meine Hand.

Hotel dort: Schlafstätte auf Zeit.
Stätte des Ruhens: Ein Casino usf.!
Die Kugel rollt dir in den Lauf.
Und auf der Scheibe zählt man die Toten.

Zahlen sind nur die Scheinwerfer
beleuchteter Wandelgang der Psyche
mit dem Lauf der Kugel zu leben.

Hochhäuser? Nein, zu viele Fenster, Türen.
Kein Baum, kein Blümchen ist zu spüren.
Wer die Zeche letztendlich zahlt?

… ich und du, mit unserem Gefühl dem Wort:
so viele Fenster und doch kein Haus …!

29

Thomas-Mann-Haus in NIDA, Litauen
Hier, in NIDA, hielt ich, auf Einladung des Thomas-Mann-
Hauses,
meinen Vortrag: »Wahlheimaten von Thomas Mann und
Friedrich Nietzsche«.

***

In den Sternstunden des Lebens
sind die Gedanken oft nur
Schleier einer Gestalt, die im
Taumel stille Plätzchen sucht.

Trunken wird aus weißen Rosen
eine gelbe, wie das Bernsteinauge
das am Strand von NIDA mir
den Sinn des Suchens schenkte.

Rot wird sie, wenn alle Blüten-
blätter, mit dem Blut des Lichts
durchströmt, verzaubert
mit dem Himmel streiten: schön zu sein.

In den Sternstunden des Lichtes
färbt sich so manches Wort, das
weiß wie Tod begann: Strömen wird
Pulsschlag des Blutes: rot wie süßer Wein:
Auf NIDA, DA-gewesen zu sein.

30

Die Rache des Lichtes
ist das Verbrennen.

Die Rache der Dunkelheit
das abgewandte Gesicht

Farbe zu bekennen
Schatten zu benennen:

Teil des Augenblicks.

Im Tal ist der Anfang
dem Aufstieg zu bekunden

im Schatten zu gesunden.

Hast du erklommen
irgendwann das Licht

der Sonne Angesicht, dann
ist das Verbrennen vorbei –

den Anfang zu benennen?
Jede Rache erlischt: erkannt!

31

Laub
gesprenkelt
Ölfarbenschreie!

Jetzt, der Mensch
den Pinsel in der Hand:
»Macht euch die Erde untertan.«

Ein abstraktes Bilde entstand:
Landschaft, eins und zwei
und drei.

Bäume: kahl ... zerstückelt.
Blätter: verbrannt ...
Nadelbäume schwarz im Geäst!

Lichterfest nennt er
das tote Gemälde begeistert.
Nur? Er vergaß

auf Leinwand zu malen ...
und den Pinsel überließ er
der CHEMIE ...

Stunden noch
dann beginnt ER
OKTOBER ... Wohin?

32

Bütten

Insel im trüben Morgenflaum
versunken am Rande der Bütten.
Fasanenschrei reißt ab den Traum.
Lichter erwachen. Erweckt sind die Hütten.

Aufgelistet treten die Gedanken
aus dem Haus hervor. Der Wert
der Wörter noch im Schwanken.
Träume blinzeln unversehrt.

Leichtes Gewölk umspinnt die Weiden.
Schafe beäsen das große Rund
der Bütten Weiher. Nächte entscheiden
wohin mit dem Tag im Verbund.

Aus dem warmen Sessel in dem Gemäuer
versunken, der Umriss das Auge betränt.
Am geöffneten Fenster sitzt ein scheuer
Wertegeber im Spiegel der Bütten:

Kleine Wasserlöcher
auf der Insel PELLWORM.

33

Schlussbetrachtung

Jenseits von Gut ist das Böse:
Jenseits von Böse das Gute.
Schattenfrei ist jeder Gegenstand
löschst du das Licht.
Du lächeltest
schütteltest den Kopf
und hieltest mich für
verwirrt.

Nur das, mit dem Schatten
das konntest du nach-
vollziehen. Du fragtest mich:
»Was muss ich tun
um dich zu verstehen?«
»Tötest du im Krieg
bist du ein Held.
Ist der Krieg vorbei
dann bist du ein Mörder.«

»Ja, das ist recht so,
das eine ist das Gute
das andere ist das Böse!
Was muss ich machen
um dich zu verstehen?«
»Dem Gegenstand nimm das Licht
dem Gegensatz das Wort: dann
bist du bei mir im Wesen
in der gläsernen Amphore: ZEIT!«

34

Tür und Tor

Die Dekade der Ballade
brannte wie ein Schreckgespenst
auf der weiten Haut der Balustrade
dort, wo die Sekunde rennt

um sich wieder einzufinden
am »alten Schloss« der Kinderzeit.
Unter blühenden, duftenden Linden
zu sehen des Lebens Ewigkeit.

»Doch Ewigkeit, was ist das?«
So fragte man mich oft.
Ich sann und begann:

die Straßen aufzurollen, ums Gras
und andren Randbewuchs, wie erhofft
zu schonen und das Sein zerrann …

im Geben den Sekundentakt als Ewigkeit
in die Gestade zu erheben. Zeit?
Sie steht bei Ewigkeit weit außen vor.
Dein Wort als die Ballade öffnet dir

Tür wie auch das Tor: überall.

35

Wie kann ich Licht im Licht erkennen?
Das fragte ich oft im Dämmerschein
der Abendstimmung, nach täglichem Rennen
erdrückt von dem Verein

der sich Masse Menschheit nennt
in ihren stirnbemalten Kasten.
Der Moment der Helligkeit kennt
alle meine Lasten

die ich verborgen, wortlos einschloss
in mein abendliches Kämmerlein
um alle Dekaden

der Öffnung, die ich tags genoss
einzubinden, in den Frieden
das Licht im Dämmerschein zu baden.

So stellte ich mich still drauf ein
auch in der Dunkelheit, nur Teil meines
Wortes, stets selbst zu sein.

36

Umgittert ist das Lichtgewitter.
In den Plänen der Station
wo sie das Land im I-Phone-Gezitter
Euro-erkoren sahen, diesen Ton

das Gleichgewicht – Afrika/Europa
mit I-Phone-Thesen blind bemalen.
Dort steht zu lesen: »Ein Haus
das Studium, und andere Zahlen …«

Und auf dem Arme das säugende Leben
den weiten Leib erneut bestimmt:
obwohl sie Jahre bei Eis und Wind
unterwegs die Technik beweben.

Ist das der Kirche Moral: Masse, Zahl?
Oder stößt man sich selbst als Mensch
vom Throne: Leben zu leben, egal
wie und wo liegt die neue Ranch?

Technik muss nicht Leben sein.
Der Text im I-Phone macht sie blind.
Umgittert die Frage, wo bleibt das Kind
auf dem Arme. Im Leibe der neue I-Phone-Schein.

Umwoben ist, wie ich es auch sehe
das Gleichgewicht mit I-Phone-Splittern.
Technik ist eine schmerzliche Wehe
das Wort Mensch lässt Kontinente erzittern.

Hamburg brennt: Zweiter Weltkrieg!
Wir auf der Flucht ausgebombt.

Umwittert ist mein abendliches Leben.
Mit Technik die Welt zu verstehn.

37

»Der Glaube in seinem eigenen Moment ist blind
er opfert das Sehen!« J. Derrida: »Aufzeichnungen
eines Blinden«

Der Pirol

Auf Tannenspitzen flötet der Pirol sein Lied.
Er mag verwirrt, wie ich, den falschen Ton
getroffen haben! Den Lebewesen galt der Ton
eröffnend Seelen zu besingen.

Hähne krähen!
Menschen verstehen?
Muss er, der Pirol, das Krähen erlernen
nur (?), um verstanden zu werden?

Krähen setzt voraus, auf dem Mist
dem Volk – der Masse – betörend, krakeelend
in den Ohren liegend – sie – zum Eierlegen
zu bewegen! Er aber ist weder Huhn noch Hahn.

Blind ist lediglich der Moment
wenn der Mensch selbst das Licht verbrennt.
Nicht der Ton den Glauben erblindet …
es ist das Ohr, es hat das Sehen verlernt.

38

Der Schlüssel, Schlüssel zu erkennen

Ich jagte Lichtern nach
ihren Samen sammelnd
in schwarze Erde legte ich
sie ein: Keim bei Keim!

Nach langem Bangen spross
die Saat, von Lichtern ein-
gefangen. Schatten …
Schatten war die Frucht.

Da jagte ich den Schatten nach
ihren Samen sammelnd.
In schwarze Erde legte ich
sie ein: Keim bei Keim.

Nach langem Bangen spross
die Saat, von Schatten ein-
gefangen. Licht …
Erkenntnis war die Frucht.
Schrei und Stille stets
als Einheit zu verstehn!

39

Was ist Demokratie?

So, dann …
wenn ich mit Wörtern weiter schreibe,
sie, die sich als Masse tiefst beschaun.
Da sie unbemerkt das Einzelne, beileibe
die Masse selbst bekürt: den Raum.

Was gewesen, das ist nun Gedanken-Müll
die Tätigkeit erwählt zu haben! – Sie –
die uns umgeben mit dem Worte: Tüll
das, was angepriesen stand zur Wahl: dem Vieh!

Herde – Kühe, Schafe, Pferde –
laufen … tippeditapp …
Alltäglichkeiten so der Wahlen – werde –
im Galopp: tipp … topp
in den großen Urnenpott.

Dort, wird aus der Masse: Wahl
Demokratie anheim zum Marterpfahl!
Ich gehe besonnen auf die Menschen zu
selbst Herde: einmal Schaf, einmal Kuh …

auch das ist im tiefsten Sinne SIE:
der Menschheit vorgegaukelte Demokratie!

40

Tempel der Natur

Wenn sich der Tag dem Abend nähert
und ausgetrunken der Kaffee
in jener Andacht, Mensch zu sein
dann öffnen sich die Räume aller Wörter.
Erkenntnis stellt sich ein, selbst
im Worte nur ein Wort zu sein.

Wenn aber dann der Abend klopft
mit Sonnenuntergang an meine Fensterscheiben
und aus der Andacht, wortlos, wird ein Wort
dann stehe ich als Selbst in jener
différance und hebe meine Arme
»gelebt zu haben« in das All empor.

So trinke ich den Blumensegen auf der Welt
als Wort mir aufs Papier, und gebe frei
nicht in Gelüsten zu verkünden, das
macht – so ich – ganz alleine die Natur.

Lasst Blumen sprechen in den Alleen
auf den Straßen; überall, um
meine Seele zu verstehn!
»Unser Priestertum ist Freude
unser Tempel die Natur.«

Hölderlin, hab Dank!

41

Aus der Nibelungen-SAGE
Sieben Sätze Sieglinds (die Mutter Siegfrieds)

1 »Aus der Kraft machst du nicht Macht, sondern spielend liebendes Erkennen.«

2 »Die wechselvolle Welt begeistert den, der sie erkennt, um wie viel besser es wäre, sie würde durchdrungen statt zerschlagen.«

3 »Päpste, Priester und Papageien erkennen den Schein der Dinge, durchdringen wird sie, wer so frei sein will wie neugierig und gerecht.«

4 »Ins Ritterleben dringst du, wenn du GAIA liebend erkennst und gegen alles Fremde niemals Mauern erbaust.«

5 … 6 …

7 »Wer dich zerschneiden will in Geist und Stoff, in Gut und Böse, hat nur Angst, auf das Seil hinauszugehen, das zwischen beiden gespannt ist als GAIAS Erkenntnislust.«

… diese sieben Lebensregeln Sieglinds bilden Aus- und Eingang, mit mir über diese Brücken des Daseins zu wandeln. Also schrieb ich mein Büchlein »Die Grüne Brücke«.

42

Viadukt

Sehen fällt mir ein
beim Wörtchen: Viadukt!

Du denkst im Verstehen
Glanz zu sehen. Heim-
gang an jener Kreuzung
die das Viadukt um-
schließen kann.

Sehen, das ist immer Schein.
Du gießt das Viadukt
mit deinen Augen zu
Objekt zu sein.

Sehen ist Farbe, die
dich innigst drängt
schwarz auf weiß
zu übergehen.

43

Sein und werden: Über das Märchen zur Wahrheit

Spiegelbilder/Frühlingsahnen!
So steh ich vor dem Tor: Geboren!
Die Hände geöffnet, wie
Großvater, wenn er über die Felder schritt
die Wanne vor dem Bauch, Dünger
über die Keime verteilend. Diese Bilder
nehme ich ausgeträumt mit, in

die neue Zeit. Abgeschlossen jene Träume
Kindheitsschäume. Jugendzeit. Erste Liebe
wird zum stillen Hort, eingeschlossen
unterm Reif des Winters, mit dem Schrei
Kälte zu durchbrechen, im Wort
mit dem Teufel zechen, für
die Saat, die mich erkennen ließ.

Jedes Zurück ist auch ein Voraus:
mein Lächeln für das Wort Arkadia!

44

Die Fähre nach Pellworm (auf den Spuren Liliencrons)

Am Stubenfenster ich, der träumend
dem Waldhusentief seine Sehnsucht
einverleibt …!

Geblieben war der letzte Blick: Das Fenster
weht frei den Weg, zu schauen:
in sich zu gehen.

Vergessenheit hält trunken Einkehr.
Im Silberweiß der Pappelblätter malt
der Tag die Sonne heim.

Gewesen ist für mich ein Teil des
Morgen. Ich empfinde vorwärts. Das
Gedachte holt die Zeit nicht ein.

Am Stubenfenster schwinden mein Sinne
sie werden Möwenschrei bis hin zum
Turmfalkenflug: mein freier Horizont.

Waldhusentief, kleiner See, schlaf ein …!
Ich steige wieder ein in die Fähre
am Stubenfenster Fährmann zu sein!

45

Stadt/Land

In der Stadt
gleich auf dem Lande,
wo bleibt dort
die Demokratie?

Sie, die im lückenlosen
Bande, die Wahl
durch die Masse, Zahl
gewann. Das große Wir

das Wörtchen Volk zum Wort
sich der Gedanke mausert?
Und die Schranke Demokratie
wird Diktatur, jene Mär

die ohne Pranke
als das große Malheur
am Ende, die einfache Tat
gewählt zu haben ...

Dem Glauben anhaftend, sich selbst
zu laben, demokratisch sein, das Kreuz
gesetzt: in den süßen Bienenwaben
Teil der Demokratie zu sein.

So schlief er ein.
Sein Traum blieb allein
auch in der Diktatur ganz klein
immer Demokrat gewesen zu sein.
... in der Stadt gleich auf dem Lande!

46

Der Sumpf

Hindurch oder hinüber ?
Als Kind kannte ich den
Übergang durch den Sumpf.

Jeder Büschel, jede Sode
war sie aus noch so marode
hielt dem Fuße stand.

Im Zickzack überquerte ich den Sumpf:
als Kind!

Hindurch? Oder hinüber?
Als Erwachsener lebte ich die Gefahr
die Jahr für Jahr
mich verschlang: im Sumpf!

Kein Büschel, keine Sode
war sie auch noch so stark
hielt stand. Und ich versank

Im Zickzack … bis das Alter mich fand.
Ich blieb stehen. Schaute hinüber –
und der Verstand flutete im Licht
mich übers Moor … und ich verstand!

47

Jedes Wort, es ist zerbrochen
hin zur Daseinsfrage, um
mitnichten vom Zeichen zu berichten
das auf einem Friedhof stand:
ein Kreuz, ein Block Granit,
um zu vernichten das, was
uns vom Leben blieb: die Seele!

Seele dieses Wort mag wörtlich klingen.
Dieser Begriff bringt mich zum Schwingen
all die Täler zu durchleuchten, die
am Tage Nachtgestalten. Übelkeit
zu hinterfragen, sehen zu verstehen
das, was längst Vergangenheit auf dem Asche-
wagen und aufs Land hinausgefahren.

Seele ist die Einheit eines Sich-Gedenkens
sich für alle Zeiten zu beschenken:
Nur (?) im Wort allein ist die Substanz
ein JETZT, ein unerfüllter Augenblick
der in Nähe oder auf Distanz
kehrt jedes Wort in sich zurück.

So kam ich HEIM: Keim an Keim
für meine neue Blüte: W o r t !

48

Karl Kraus in »Nachts« 1949. »Kunst ist etwas, was so klar ist, dass es niemand versteht!«

DA-sein

Wieder fällt ein Stern herab
Erde zu küssen: ein Regentropfen.

Wieder fällt ein Licht herab
Pflanzen zu kosen: ein Sonnenstrahl.

Wieder öffnet das All die Augen
tränt Tau in den frühen Morgen:

wieder und wieder: tagaus, tagein.

Wieder beginnt der Tag die Hände
auf die Felder zu legen: Menschenhände.

Wieder beginnt die Nacht Augen
zu trösten: Menschenaugen.

Wieder erinnert die tickende Uhr
an Zeit, die dir bleibt, Tag
und Nacht als einziges Licht zu sehn.

Und der Tag erwacht in den Sternen, die
Nacht im Sonnenlicht: einfach DA zu sein!

49

Wort-Moral

Da saß ich armer Tropf, vor dem großen
Wörtertopf. Ob Moslem, Christ, ob Manitu
oder Zoroaster, beendete das Laster

in allen Ewigkeitsgestalten mein Wort
herumzuhalten. Ich nähere mich heran
das Wort-Gehabe auszuschließen als

die Schlüsselfrage: das Verstehen
löscht den Titel sehen: die Geschichte!
Und ich begann mich anzunähern

aus der Wortlosigkeit, den einen
Satz zu formen, außerhalb aller Normen
die Blüten an einem Baum zu bestaunen.

Und alles das, was göttlich war in meinem Atem
gebar ein altes Wort: DER Glaube beblüht
das Wolken-Heim! DAS Glauben ist

der Welten Macht als Mensch allein, im Wollen
gottähnlich zu sein! Das Abc begann zu keimen
kein neues Wort am Horizont:

DER Glaube wird stets wortlos bleiben
in der steten Annäherung: wortlos zu wissen!
DAS Glauben ist die Wort-Moral …

… Menschengesetz: gegeben …!

50

Aufgabe

Steine über die Schulter werfen
und dem Wunsche nach wuchsen
die Kinder! Kronos fraß sie vor Neid
und Missgunst, Macht
abgeben zu müssen, diese Kinder
wie Sprossen auf.

Noch heute wirft man am Brunnen
in Rom in den »Fontana de Trevi«
über die Schulter ein Geldstück
und wünscht sich – wiederzukehren.

Großes und Kleines vermengt sich
in tausenderlei Gedachtem
in Mythos und Geschichten.

Die Aufgabe war gestellt
das Resultat manipuliert.

Mancher Faktor war frisiert
einfach – beiseitegestellt.

Auch das kann Aufgabe sein.
… Anfang allemal.

51

Jahreswechsel

Ich schreibe mir die Sonne aus der Seele
auf dass der Regen Träne werden kann.
Blutgerinnsel bilden sich in Leib und Kehle
schreite ich gewisse Wege auf und ab.

In den aufgerissnen Straßen, Pflastersteine.
Barrikaden für und gegen irgendeine
Macht der Welt. »National ist die Gefahr
die UNS bedroht.« Nein, sag ich und ruf

es aus, was sich mit ungezählten Lippen
meinem Wort entgegenstemmt:
»Ist jener Weg EUROPA zu kreieren – nicht
die größere Nationalität und Macht?«

Weiter noch gedacht, ganz international,
ist's nicht dem Erdenbürger Mensch egal
wenn es um Drogen geht und Gold und Geld
dann wird sogar ganz *national* die ganze Welt.

Ich schreibe mir die Sonne aus der Seele:
Tränen … Hier wie da!

52

Wenn wir ALLE Gottes Kinder
bin ich das Blatt am Baum.
Gänseblümchen-Idylle in Omas Wiese,

sie, die gemäht dem Vieh das Heu vermacht
den Winter zu überstehen. Ich bin Rose,
Wein-Rebe im Quellgebiet der Seligkeit:

ein Bach, dann Fluss, danach das Meer
und der Erde All als Symbol. Jene Hand
löst mir die Ewigkeiten auf: Mensch zu sein!

Erden-Bürger ist so ein geliehenes Zeichen –
ein Titel aus dem Bauch heraus, das Ich zu gebären:
Kind dieser Ewigkeit zu sein, in dem ich DA war

Lichter zu trinken. Aus der Knospe Jugend
dem Alter ein Lächeln abzuringen
nicht von Wörtern hintergangen zu werden.

Die poetische Quadratur des Kreises: Benennungen!
Reales zu erkennen, im Angesicht jener Unendlichkeit?
Im Wort zu fassen? Das Nihil blieb als Gepräge,

ein Symbol, ob Iggdrasil/die Welten-Esche
oder andrer Ewigkeiten, Unendliches zu durchdringen.
Du wirst selbst zum Schatten, um das Licht zu verstehn.

53

Der Synästhesist: Ich fing
mein Sehen ein
mit der Hand im Ring
der Sonne: Keim bei Keim.

Ich gab den Sinnen ihren Lauf.
Nahm das Sehen und Hoffen
geordnet in Kauf.
Und besiedelte so betroffen

Licht und Schatten
in der *Hände Reigen*. Die Seele
fand so in sich ihren Kreis

alle Sinne zu begatten
damit kein Wörtchen fehle!
Synästhesist, das ist mein Beweis:

Einheit in der Vielheit zu sein:
Zeit bei Zeit!

54

Poetische Folgerungen

Jedes Wort
ist eine Maske.
Jeder Ort
wird zur Taste.

Jeder Sonnenstrahl
ist mir Gegenzweck den Tag zu küren
bis zum tristen Marterpfahl.
Der Sinn, die Sinne zu verführen?

Ich dacht'! Dachte ich wirklich?
So wand sich manches Wort in die Spirale
floh aus dem »rechten Eheglück«

in das Einmaleins-Getöse. Es wich
der Sonne Strahl in dem Regale
und warf mir Wort auf Wort zurück.

Und ich denke immer noch an Glück
Wort dem Worte!

55

Annäherungen

Meine Poesie ist
nur »Wörter bewegen«
Licht und Schatten anzuregen.
So der Soff im Dunkel liegend
sich im Sonnenlichte wiegend.

Poesie ist so im Grunde
Medizin für Kranke und Gesunde.

Einheit liegt alleine im Erkennen
Glanz und Leiden zu benennen:
denn die wahre Poesie
die erkennt man wahrhaft nie …

Wenn (?) man nicht im Aufwärtsblicken
in dem tiefsten Lustverzücken
mit den Füßen erdig bleibt
all die Sinne einverleibt:

Mensch zu bleiben, wie, im Grunde sie:
»Moll und Dur« im Angesicht der Poesie.

56

Ein Kranich weitet seine Schwingen
in den Abend – durchflutet so den Frieden –
wie den Pflug, den Großvater im Singen
einst durch kalte Heimaterde zog: zu schmieden

das Säuseln der Blätter im Wintergras.
Geboren neu, bei diesem alten Klang
im Gurgeln des Baches Unterlass
bestimmte er so meiner Wörter Gesang.

Krähen sammeln sich im Feld
und auf den Wiesen.
Ein Kranich wühlt sie auf zum Heimwärtsziehn.

Auch in mir brennt der Aufbruch, jene Welt
aufs Neue einzureihen, diesen
Aufschrei – Abendrot mit Tränen zu beknien.

57

Zeitreisen

Beziehungslosigkeit. Abenddämmerung.
Jeder Tag beschließt zu kommen und
zu gehen.

»Die wechselvolle Welt begeistert den,
der erkennend, um wie viel besser es wäre
sie würde durchdrungen statt zerschlagen.« (II)

Eine offene Geschichte bleibt.
Emotional die Synthese
aus der Anziehungskraft, den
Zauber der Zukunft in die
Gegenwart zu kleiden.

Alltags-Geschichte zur Kunst ist z.B.
die Grenze, jene »Mauer in Berlin«
von Zeit zu Zeit über die Welt
zu verteilen.

In der Zufälligkeit?
Zeiten zu verstehen.

Siegfrieds Mutter II

58

Begüllt ist der Sinn und die Erde, als Beginn: Kommunismus, Sozialismus zu deklarieren. Ich sehe Zeichen an Zeichen, nur Menschen sah ich nicht.

Aus »Lob der Dialektik« (*von Bertolt Brecht*)

»An wem liegt es
wenn die Unterdrückung bleibt?
An uns.

An wem liegt es
wenn sie zerbrochen wird?
Ebenfalls an uns.

Denn
die Besiegten von heute
sind die Sieger von morgen!«

Und es machte mich stutzig,
weil das Wörtchen Sieger fiel
und nicht

WIR
müssen uns überwinden.
Weil (?) ER in der Tat dann
der Sieger ist.
Und ich? WIR? Gehen weiter

zur Arbeit: geknechtet, unterdrückt!

59

Gedanken beim Überqueren der zugefrorenen Elbe
bei Bleckede am 7. Februar 1996
Gottfried BENN in Neuhaus an der Elbe
(September 1945)

Die ganze Welt des Jammers lag
zu seinen Füßen. Eingescharrt
in die Unendlichkeit sein Weib.
Flüchtlingsdrama nannte man
das Ganze literarisch. Und in die Kälte
dieser Welt drang noch mehr Kälte ein.

Da lag, was Wärme geben sollte, in
tiefstem Weh und in Verächtlichkeit
der Mensch, denn seine Ehefrau, sie
wollte von Berlin nur einfach über
diese Elbe, der Strom, die Grenze wurde
Grenze seiner Bitterkeit.

In der Küche fand sie Platz, auf dem
Kartoffelsacke. Sägespäne wärmte das
was nicht zu wärmen war, den Leib.
Man ließ sie bitterlich im Stich, sie zahlte
diese Reise: Elbestrom, doch, als sie ankam
war das Boot schon außer Sicht.

Zurück an diese Stätte ihres Jammers
des Jammers einer ganzen toten Welt
war dieser lächerliche Platz besetzt
durch jemand anderen: ein Mensch.
Ihr Mann, der Arzt und ein Poet war
half; sie nahm das Morphium, das in
dem Giftschrank lag für jeden Fall.

Hier angekommen, Ende eines Zeitgeschehens.
Zweiter Weltkrieg war vorbei. Kranke Soldaten
gaben sich gefangen oder flüchteten in den
nahen Wald. Vor dem Kinderauge
drei Tage Heimkehrertrecks. Und
in ROSIN, dem Nachbarort, eintausend
ungarische Soldaten. Flüchtlinge kochten
unter freiem Himmel: N o t .

Und wieder ER, der bebend stand am Grabe
an jenem Grabe: Unverstandenheit. Da
schrieb ER auf ... »überhaupt nichts in meinem
Leben erschütterte mich mehr wie dieser Tag.«
Sie starb im Amtsgerichtsgebäude – das Krankenhaus.
Ein Unbekannter schrieb an BENN und
legte ihren letzten Brief mit bei.

Literarisch gesehen, bleib ich an Gräbern stehn,
ist jeder Tropfen eine Träne, und
der Elbestrom der aufgestaute Tränenfluss
meiner Kinderzeit. Ich werde an Gräbern
vorübergehen. Menschen sehen. Menschen?
... das wäre schön ... sie lächeln zu sehn.

60

Weit, weit – entfernt –

Schon renn ich geschwollen dahin
ohne Datum, ohne Sinn.

Da flog ein Vogel
ins Sonnenlicht hinauf.

Ich dachte irgendein Wort
spürte den Lichterschein

als Verbrüderung mit dem Jetzt.
Da war ich bereit

mit dem Vogel aufzusteigen
ihm meine Lüste zu zeigen.

Den Glanz der Sonne einzufangen
wie es die Alten oftmals sangen:

ein zufriedes Gelächter
jener Masse, die sich Menschheit nennt:

um im Sonnenblinzeln jenen Pächter
zu entlarven, er, der Kreise scannt …!

Mit dem Vogel fliegen? Ich blieb liegen
… und doch, ich stieg hinauf – weit, weit entfernt …!

61

Er, Hesiod, schloss die Augen und sah die Musen tanzen, lachen, um dann im Ernst die Theogenie, die Götterwelt von A bis O zu deklarieren.

Gesang der Musen

Am Anfang der Wahrheit
vernebelt sich die Lüge.
Jeder Anfang ist im Grunde nur
ein Ende des Beginns.

Jedes Ende, so das Maß der Dinge
ist Verteidigung, im Licht zu stehn.

Lüge und Wahrheit zugleich zu begehen?
Das wird immer Anfang sein.
Denn der Aufstieg ist im Grunde – wieder –
Ende des Beginns.

Gesang, wortlos zwischen Lachen und Weinen?
Dort wird sich auch dein Leben vereinen: …

… mit dir:
Sing, Muse, sing!

62

Schreiben

Als Kind vor dem Schlafstubenfenster:
Eisblumen. Ich schaute vorbei/hindurch,
wenn langsam diese Lichtgestalten
bizarr das Glas bemalten.
Von Geisterhand ein Traumbild entstand.

Kristalle in den Händen haltend, so
ist meine Philosophie: Glas
mit Diamantenstaub bemalt.
Kristalle, wunderbare Blumen
hauchte ich mit meinem Atem

in diese Zauberwelt: nur?
Um zu sehen, wie meine Muse
neue Blumen malt – aufs Glas.
So, mein Wort, gehaucht, erinnert
mich daran: Kind gewesen zu sein.

63

Bäume

Mancher Anfang war ein Brunnenbau.
Mancher Abstieg gar ein Gipfelsturm
und das Licht bezog den Himmel azurblau.
Der Schlag ins Angesicht stürzte ein den Turm

im Augenschließen unverfälscht hinüber
zu geleiten. Das Dasein im Hiersein verwalten?
Die Zusammenfassung der Wörter wurde trüber
Axiome über Wasser zu halten.

Eine Schäfchenwolke für Momente
die Sonne verdeckt. Eine Oase – Eigen –
schafft sich Raum

das »Dolce far niente«
in jene Töne einzubinden: zum Reigen,
Iggdrasil, auch du warst einst nur Baum!

64

Der reine Gegenstand

Lichter laufen entflammt um die Erde:
Menschen.
Leben neigt sich hin zum Licht
selbst zu sein.
Im tiefen Schlummer des Erwachens
lernt man Leben verstehen:
Wort bei Wort!

Blumen blühen. Aus dem Gefühl heraus
erhebt sich eine Wand. Ein winziges
Verstehen stellt sich außerhalb
von Raum und Zeit – und –
wünscht dir das Blühen, das
da Leben ward – Aug und Ohr
für dein Gefühl, zu finden, das,

was Wörter blühen lassen kann:
von Horizont zu Horizont.

65

Aphorismen

Eisblumen trinken mir die Kälte
von den Lippen: Geboren!
Tiefgekühlt vollbringt das Hirn
die Nacht im Aderlass der Zeit.
Im Mond vergilbt der Tag
so rein, wie neugeboren:
Eisblume, komm zum Stelldichein!

Fest verankert sind die weiß-
geborenen Eiskristalle. Alle Wege
dich zu küssen lösten sich in
Wohlgefallen auf. Meine Lippen
glühten »gleich verbrannt«
tränk ich genüsslich heißen Tee.

Liebes Gesicht, du Lichter-Bote
vom Fenster-All mir zugewandt.
Küsse blieben Worte. Still und
lustumkühlt begehe ich den Ort
den ich als Kind genoss: Muse, du
mein Eisgesicht! … an der »gläsernen Wand«.

66

Über der Bevölkerung
thront das große Wir!
Es beginnt, am Anfang die Bestätigung:
Ich zu sein, ein Fakir

der auf blanken Nägeln ruht,
um Ruhe vor der Welt zu finden.
Überbevölkerung, eine seltsame Glut:
beginnt den Alltag einzubinden

das religiöse Dilemma: *zu verhüten.*
Der Geist seiner Zeit gebar – die Kinder –
zeitbedingt Kriege zu bestücken?

Mit königlichen Blüten
die Krawatte jenen schmucken Binder
mit Glitzergewand zu bestücken.

67

Heimatflur

Getrennt liegt das Atmen
am Boden. Über Gräser aus-
gebreitet das Tuch des Glaubens
mit den Ahnen, Hand in Hand

die Ähren zu zählen. Geburt
und Heimatflur …!
Jetzt sprichst du!

Und irgendeine Stimme rief:
»Komm, nimm mich, ich bin
immer für dich da: im größten Leid
leg an die Erde dein Ohr!«

Der himmlische Chor singt dein Lied
Undinen-zeitunbegrenzt
begleiten dich hinüber in das Ried
der ersten Liebe Saum.

Zauberhafte Zeit. Lampions flammen auf.
An der Allee Glühwürmchen
im Liebesspiel. Lichtverschenken
das alles und noch mehr …

… Heimatflur …!

68

Träume

Verweise nie das Licht
in die verstaubten Ecken.
Auf den Böden unterhalb
der Schatten ist es nicht zu sehn.

Jedes Ende einer Lüge
sie beginnt mit einer Wahrheit.
Schließ auf den wahren Hinter-
grund, willst du erkennen sie.

Die Lüge zu benennen
sie aufzudecken im Entstehn?
Sieh der Wahrheit Anbeginn,
wo die Lüge über »grüne Brücken«

in der Knospe nach der Frucht
aufgehoben ist: in Zeit!

69

Aufwachen

Meditierend zergeht's mir auf der Zunge.
Im Hirnrausch durchbrechen
kleine Wellen den Altar: Kirchenfürst
zu sein. Er, der weihrauchschwenkend
seine Schäfchen zügelt: Sünder
ewiglich zu sein: sie sind!

Aufgaben sind gegeben. Resultate
vorprogrammiert.

(II) »Päpste, Priester und Papageien erkennen
den Schein der Dinge: durchdringen wird sie,
wer so frei sein will wie neugierig und gerecht!«

Aufgabe kann auch Aufgabe werden
aufgewacht zu sein …!

II Siegfrieds Mutter.

70

Das Alter

Wie jung ist heute mir
mein Alter! Ich schreibe.
Wie alt war ich gestern noch
in jenem bittren Joch
die Tage ohne dieses Lippenbeben
wortlos die Seele einzubinden.

Muse außerhalb des Merkmals Zeit.
Sichtbare Strahlung am Himmel.
Auf dem Schimmer – selbst –
mir Zeit zu gestehen. Über
Musen hinaus zu sehen.

Oft war das Alter mir nur Jugend
eine unbedarfte Tugend
das All zu umgehen
den Tod besser zu verstehen.

Mein Alter ist nur Zeit: ein Name!
Auf der Suche nach der Knospe Same
der die Zeit erlöst. Der Rahmen ist gegeben
mit dem Worte – ewiglich – zu leben!

71

Arkadien

Von Erato, Muse der Lyrik, des Liebes-
gesanges, zu Thalia, Muse der Komödie.
Euterpe, der Hauch von Musik, sie, die
Flöte fingernd über Arkadiens Wiesen zieht.

Urania, Muse der Astronomie: Terpsichore
die tanzend mit dem Kranze im Haar
die Blicke einfängt, Muse zu sein. Clio, die
Geschichte, jene halbgeöffnete Schriftrolle
dem Menschen weisend zu durchdenken;
die Zeit sinnvoll dem Selbst zu schenken.

An den Hängen des Parnass entspringt, so
wie überall auf der Welt, gedacht, die Sinne
angefacht, dieses Prickeln des Gedankens
von einer zauberhaften Muse beschützt
zu werden … hier auf Erden!

Die Quelle allein ist der Namensgeber
Beschützer der Künste und der Menschen
auf der Welt, nicht allein in Arkadien
im »alten Griechenland«. Nimm das Wasser
am Quell in die Hand und du siehst sie alle als
Lebewesen in uns: Wasser ca. ¾ deines Körpers!

… und du glaubst immer noch nicht an
Nymphen und Undinen?

72

Die Arie

Im Hinterhof brannte
noch lange
die »alte Stall-Laterne«.

Wortlos fingerten sich
die Gerüche durch die Nacht
in die Sinne. Betörend
frohlockten die Gedanken
ewig zu sein
mit dem, was die Welt

an Schönheit alles
gebären kann. »Ins Ritter-
leben dringst du, wenn
du GAIA liebend erkennst
und gegen alles Fremde niemals

Mauern baust.«[*] Die Arie
des Lebens ist ein Moll und
ein Dur, zwischen Tag und Traum.

---

[*] Siegfrieds Mutter

73

Erfolg

Auf dem Gegangenen
ersah ich meine Tritte
wolkenlos – und morgenrot –
umwittert, hin zu mir.

Eingeritzt in Zeit sind
alle Wörter: Die Vergänglichkeit!
Auf den Graten nicht ein Licht
nur Schatten dort am Horizont.

Schatten? Ja, das waren
vormals all die weißen Blätter
die ich schweigend mir
mit dem Gegebenen versah!

74

Examina
Gedanken an Verdi (Rigoletto) 1960/2020

In einem tiefen Aufschrei
schickte Verdi den 1. Buckligen
auf die Bretter, die die Welt bedeuten:
Seinen Landsleuten die Augen zu öffnen
zu unterbreiten, ihnen das Spiel der Spiele.
Geblendet in Liebe GILDA: das Volk.
Sie zu erinnern an Leben und Tod.

Kreuzzüge töteten, »Un-Gläubige«.
Heute kommen sie zurück, sie
die heute einzig wahren Gläubigen?

Wieder steht Rigoletto auf den Brettern.
Menschen weinen. Der Musik erlegen
schwindelnde Höhen überreizt:
dort, wo Verdi sein Volk in den Sack verstaut
erstickt – das Wesen Italia:
auf der Bühne! … Tod dem anderen,
und was geschah?
Sie töteten – vor Gott – sich selbst.
Er sah es voraus, und sein Schluss
»Droben bei Gott« und er blieb dort
selig auf Erden: Daheim. Rigoletto.
Der König amüsiert sich: Er

aber dachte an sein geknechtetes Italia …
Meine Examina 1960, ich sah die Bretter –
die Menschen ebenso: Ich war dort: vor Ort.

75

Stationen

Bahnhöfe: Aufenthalte.
Augenblicke, Licht zu trinken.

In den Waggons eingepfercht, Menschen
auf der Flucht. Zweiter Weltkrieg!
Das Libretto lautete: Vernichtung.
Ausradierung meiner Heimatstadt.

Wann endet eigentlich ein Krieg?
Und die Kinder, weinend, an
der Träne erstickt sollen dann
später Täter sein? Auf der Flucht
in Waggons, Stationen eines Krieges.

Und am Himmel das Bombenballett:
Stationen ...
Stationen: ... Mensch!

76

Abschnitte des Lebens

Alles im Leben ist All-Tag
auch das Libretto in der Oper
insgeheim, ist Alltag: Schein!

So schneidet meine Feder
ins Papier ein Wort
mit dem Messer ins Leder:
Gefängnisapparat.

Abschnitte sind Teile
und doch Ganzes. Am Rand
der Zeit bereitet sich
Endlosigkeit aus. Teile des

Ewigen bleibt auch Ewiges!
Das muss man verstehen,
will man die Abschnitte des Lebens
rechtens belegen …!

Aufrichtig zu sehen? Alles Geben
bedeutet Abschneiden, Abkleben.
Die Abschnitte des Todes?
Ich habe sie als Kind erlebt.

Krieg ist immer Ganzes. Er bleibt stets
als »Einheit« auch im Alter bestehen!

77

Vergnügen

Manche Träne wurde Vergnügen.
Manche Lüge dem Lachen gleich
Libretto: Sonderheit.

Geharnischt zog ich ins Vergnügen
dem Gegner zu rügen, der fremd
mir gegenüberstand.

»Ins Ritterleben dringst du, wenn du
GAIA liebend erkennst, und gegen
alles Fremde keine Mauern baust.«[*]

Manche Mauer ist ohne Türen: Turm.
Manche Türen sind Mauern, die
selbst im Sturme sich nicht öffnen.

Manches Wort dagegen
das klingt verwegen, öffnet
Mauer und auch Türen zugleich!

---

[*] Siegfrieds Mutter

78

Anfänge

Sich die Hände geben.
Kann Anfang oder Ende sein.

Manche eigne Hand ist dir
selbst unaufschließbar und (?)

du bemerkst es nicht, du
bist dir selber fremd.

Man sollte sich öfter einmal
selbst die Hände reichen.

Das könnte stets – dir –
ein neuer Anfang sein.

79

Aufbegehren

Ein Bild malen.
Ohne Farbe? Den Pinsel
in den Raum legen.

Ein offenes Wolkenbankett
der Sonne in die Augen bewegen.

Den Rahmen zerstückeln
damit das Bild Bild werden kann.

»Und die Farbe?«, fragte jemand
den Maler Bess.

Ich male mit den Augen.
Dieses Gemälde, insgeheim

in meinen Sinnen wird es
etwas so Großes sein,

dass es keiner Farbe bedarf.

80

Die große Arena in Tunesien aus der Römer-Zeit (El Djem)

Noch dröhnen die Schreie der Menschen
durch die Jahrhunderte, steh ich vor
diesen Ruinen: Reste, Mauerreste.

Wagenrennen, Gladiatoren-
spektakel im Visier. Dort geraten die
Touristen ins Schwärmen. Nur
in mir, in meinen fühlenden Därmen

erobert ein verhalltes Echo
von Schreien verendeter Kreaturen
das große Rund. Gestalten
Farben, Menschenmassen johlen,
die Arme schwenkend und daumen-
niederstreckend, um den Tod des Einen
oder Anderen zu verlangen: Menschen?

Die Arenen sind mir so vertraut, das Hetzen
nach Macht, wohin man auch schaut.

81

Verzaubert ist der ganze Wald.
Die Bäume nickend grüßen.
Mein Ich beeindruckt von der Lichtgestalt
die meine Sinne tiefst versüßen.

Geboren ich, ein Keim, wie jener Baum
im Gestade Welt zu sein.
Teil der Mutter Erde. Mein Traum
atmet das Grün des Waldes fort vom Stein.

Angekommen alle Deckel aus Beton zu lösen
empfange ich den zarten Hauch
der Lichtreklame: Blättersäuseln.

Und in dem Untertone süßen Dösens
jener Traum, tiefst aus dem Bauch heraus
der Wald wie ich im Wellenkräuseln.

82

Kirchen-Staat

In den Stadien Roms
schlachtete man Menschen ab
mit Halali und Hallo.

In den Fegefeuern
des Mittelalters verbrannte
man die Wesen – ebenso!

Wenn Untertänige aufsteigen
muss das nicht unbedingt
gut für die Menschheit sein: den Rest.

Rom bekam nur andere Namen.
Vor Ort blieben die Ruinen. Nur das
Schlachten, das geht ewiglich so weiter.

Reißt man eines Tages diese Ruinen ein …
sie werden nur Fundamente
für neues Töten sein.

83

**Vorgeplänkel
Unsichtbare Einheit Wort**

Welch eine Phase:
Geboren!
Erde, Menschen,
Töten, einzig der Schrei.

Welch einer Gruppe Leben
bin ich unterstellt?
Den Kopf – zum Töten?
Denken – zum Würgen?
Nichtmensch ich?

Welche Zeit
entlässt mich
geboren: gesichtslos
dem Worte fremd?

Ich stammele, wie
der Regentropfen:
Phase einer Ahnen-Galerie .

Das Wort Seele ist mir
der Zahlen 1 … und so fort
Punkte der Einheit im Rapport
im Zyklus Leben: Mensch?

Unsichtbar blieb mir stets das Wort …!

84

Sockel

Blumen malen mir das Dunkel
von den Augen. Der Oberlauf des
Aufbegehrens Mensch, fließt
mir in großen Schwüren durch
die Seele, wird Knospe und
dann wieder: Stein.

Knospen prangen an dem Stamm:
die »schlafend Augen«. Ungenutzt
verweilen sie im Tiefschlaf, Ewigkeiten
aus. Und in den Blumen, die Sinne, sie
geöffnet, Licht entgegen falten dir, werden
Nabelschnur zum Ich:

Gelebt, verblüht, befruchtet von dem
Lug und Trug des Lebens, verweile ich
auf dieser Welt im tiefen Schlaf
im Kokon. Das Nichtwort dieser Welt
mein Ungeborensein, als Blumenduft
zu weben. Der Sockel …?

Leben heißt verstehen lernen.
Knospe, die ein Leben lang verweilt
in jenem Blumenbeet: mein W o r t !

85

Schreiben

Possen an die Wand gegossen.
Kleine Sterne an den Baum gepinselt.
Einen Ast gebrochen. Selbst gewinselt.
Ängstlich unters Bett gekrochen.
Zweiter Weltkrieg, Bomben rieselten
alle Grausamkeiten in die Zeit.
Und doch, ich malte in den Sand
die Wörter: Freude, Leid, Glück und Verstand.

Schreiben, das bedeutet sich zu lösen
aus dem Kreis des Denkens auszubrechen:

zur Feder greifen
über Wiesen schweifen
jedes Blümlein fixieren
selbst existieren
Lichter aufzuschreiben
Notizen einverleiben
pinseln, schmieren
keine Zeit zu verlieren
kritzeln und malen
klecksen und tippen
an den Ästen den kahlen
das Märzgrün erwippen
entwerfen, verfassen.
Niederlegen die Feder
unter einem Baum
das ist mein Skript
vom Schreiben: mein T r a u m !

86

Erinnerungen

Hände halten.
Küsse verwalten. Ein Wort
zwischen den Lippen kreisen lassen
das dir vor Jahren: Hochgeburt.

Augen einfärben.
Mit dem Licht auf Du und Du
das Gestern erleuchtend
erwärmen.

Das Verletzbare ist der kleine Punkt
auf Siegfrieds Rücken. Eingetaucht im
Brei des Drachenblutes lebt die Erinnerung.
So wurde er zum deutschen Herkules.

Die Millionen Schriftrollen von Alexandrien
auf sprödem Papyrus, sie zerfielen nicht.
Verbrannt von christlichen Eiferern, so wie
die Legenden – erinnernd – berichten.

Erinnerungen, sie sind meistens im Wort, geknechtet
eingebunden in der Sage Gegensatz: gereimt.
Im Schachspiel ist ein Bauernopfer nicht einmal
Erinnerung. Macht wird wieder einmal nur geleimt.

Hände halten. Küsse verwalten.
Hochgeburt: Erinnerung!

87

Die grüne Brücke (Zitat Sieglind)*

»Wer dich zerschneiden will in Geist und Stoff
in Gut und Böse, hat nur Angst, auf das Seil
hinaufzugehen, das zwischen beiden gespannt ist

als GAIAS Erkenntnislust!«* Blau, Gelb, Rot
sind lediglich der Grund, so P. Otto Runge.*
Die Farbe Brücke ist allein die Zeit.

Brücke, meine Knospe: Grüne! Bringe mir das Wort.
Auf dem Laufbrett steht: Die Wahrheit und die Lüge
werden Einheit, Selbstgefälligkeit? In

dem Ringen, Menschen zu verstehen, muss ich
durch das Wort zu mir, jene Stege überqueren
die an jedem Wort ins Grüne weist.

In der Farbenlehre, das Zusammenführen: Gelb,
und Blau … ergeben Grün, das wir Menschen, so
»Verstehen« nennen: Wenn man's will.

Über diese Wege müssen wir gemeinsam gehen.
»Meine grüne Brücke« ist allein Eckpfeiler –
Synonym für das große Wörtchen: MENSCH!

---

*   P. Otto Runge
       Maler aus der Zeit der Romantik

88

Kranichflug und Brücke

Aus dem Wasser heraus
führt der Steg: Das Leben!
Die grüne Brücke endet so, wie
sie begann, im Meer der Zeit.

Kraniche kommen und gehen
– flugs – verkünden sie: Frühling
und Herbst, das Hier, das Dahin
wie das Bild: Der Steg!

Heimelig der Flug
der großen Vögel.
Sinnbild von Ankunft
und Abschied zugleich.

Kommen sie? Fliegen sie fort?
Kraniche sind mir ein Licht im Wort
Teile des Jahres, wie der Steg
»der grünen Brücke« W e g …

… im Kranichflug selbst Wort zu sein!

89

Thomas S. Eliot sagte 1955 in Akzente

»Die drei Stimmen der Poesie!«

Die erste Stimme der Poesie ist die eines Dichters
der zu sich selbst spricht – zu sich allein.

Die zweite Stimme ist die eines Dichters, der sich
an Zuhörer wendet, an einzelne oder an ein
Publikum.

Die dritte Stimme ist die eines Dichters, der eine von
ihm erdachte Dramenfigur sprechen lässt.

Wenn … dann

Wenn alle Tempel längst Vergangenheit
wenn alle Niederlagen Siege wurden
wenn selbst das Licht das Wort verbrannt
in Asche wieder Wort wird in der Hand
die diese Feder führte … dann
      dann wird sich mein Gedankengang
      verselbstständigt haben.

Wenn alle Zeiten längst sich lösten
wenn alle Sterne Sonnen würden
wenn selbst das Haus der Geburt
in Asche wieder Wort wird, Gurt
der einschnürt meine Feder, dann …
      dann beginnt mein Gedankengang
      sich aufzulösen.

Wenn alle Götter namenlos einst werden
wenn alle Heiligtümer, die du einst benannt
wenn alle Himmelsstürme Erde wurden
in Asche selbst das Wort: Verstand,
der diese und die deine Feder führte, dann …
     dann öffnen sich die Sphärentüren
     dir, und du trittst ein.

Wenn alle die Parolen Macht und Gier
wenn alle Glitzerkronen nackte Köpfe wurden
wenn selbst der Kaiser nackt tritt vor das Tor
in Asche sein Gewand, dem Kind gegeben
das diese Feder führte, dann …
     dann sind des Kaisers »neue Kleider«
     deine … meine!

Wenn selbst das Wasser, das zu Tale stürzte
wenn selbst das Licht den Schatten anerkennt
wenn selbst das Wort einst wortlos
Asche, Keim wird in der Menschheit Hand, dann …
     dann ist das meine Fundament gegeben
     für der Erkenntnis Land.

Wenn alle Kriegssirenen in uns schweigen
wenn alle Toten auferstanden sind: zu sehn
wenn alle Masken einst Gesichter wurden
in Asche – Schein und List verbrannt
die Federn einst geführet, dann …
     dann öffnet sich mein Wort für dich
     vielleicht sogar für mich.

Wenn alle aber wieder dann die neuen Tempel bauen
wenn alle wieder dann vom Siege träumen, Macht
und Gier
wenn selbst das Licht im Worte wieder wird betrogen
in Asche meine Träne liegt im Sand
die diese Feder führte im Verstand, dann …
        … dann schrieb ich umsonst für euch
        das hab ich erkannt.

Wenn ohne dann ist ohne Leben
Wenn ohne aber ist ein Hoffen ohne Geben
Wenn ohne Asche ist kein Leben mir
die Feder wieder in die Hand zu nehmen:
wortlos bleibt das weiße Blatt, und dann …
        dann bin ich in meinem Frieden
        angekommen: mich alleine zu verstehn.

Mein Sehen, es ist tempellos geblieben.
Mein Verstand schließt alle Wörter ein.
Das große Blatt wird riesengroß
und doch so endlos tempellos
im Hause mein:
        Wenn … dann …
        als mein Gedicht begann.

90

WIR

Wir … rotteten die Indianer aus.
Wir … töteten die Christen in Arenen.
Wir … schauten zu. Die Neger versklavten
Wir … In den KZs vergasten
Wir … die Juden.

Wir … töteten als Christen sie, die
Wir … zu Hexen machten. Die Inkas töteten
Wir … um reicher noch als reich zu sein.
Wir … töteten Moslems, Bosnier, die Serben
          und Kroaten …
Wir.
          und einer schrieb:
Wir … sind das Volk und Tausende meinten
Wir … machten eine Revolution.
Wir … sagt bitte nicht
Wir … sind die Menschen.

          Verdammt! (Nochmals): Wer ist denn dieses
W i r …?

          … W I R …!

91

Meine Narzisse

Ich werde immer einsamer
je mehr ich dich liebe.

Ich werde niemandem sagen können:
»Ja!« Der Neid brächte sie um.

Ich werde im Nichtwort Wörter
an die Wände malen: ungehört ...
Ich lächle ohne Kommentar.

Ich bin
in einer wunderbaren Nacht
aus den Wolken gefallen.
Ich bin aus dem Schlaf empor geglüht
in zwei Augen hinein.

Ich bin auf dem Wege
wieder Wort zu werden ...
Wie lange noch?

Ich bin ein Lächeln
ohne Kommentar!

92

Neulich sah ich
einen bunten Vogel.
Sein Kleid entflammte
in mir tiefstes Wohlgefühl.

Betroffen sah ich
mich – dann – in dem Spiegel,
einfach, nackt
und blass die Haut.

Später dann
traf ich ein Mädchen.
Ihr Kleid war Blumenduft
und zart ihr Hauch.

Betroffen ich –!
Dann
sahen wir die Haut im Spiegel.

Wieder flog ein bunter Vogel
wie ein Licht an uns vorbei.

93

Menschlicher Friede

Wer andere verfolgt
ist zuerst: Selbstverfolgter.

Wer andere quält, der? ...
der quält zuerst sich selbst.

Wer Frieden will, der
ist auch für die Kriege.

Frieden zu erreichen
das bedeutet Siege.

Verfolgt. Gequält. Das
ist das Thema unserer Zeit.

Ich stehe da! Umarmt von
Zeit und Raum.

94

Umarmt

Ein goldener Teppich der Befruchtung
legt sich über alle Felder. Ein Hauch
von Goldstaub macht aus Blüten:
Korn. Verloren gehe ich am Ackerrand
spazieren und steige mit der Lerche auf
um dieses Wunder – ganz – zu sehn.

Die Ähren wiegen sich im Winde, wie
Mutter, als sie mich im Arme hielt.
Ein leichtes Lüftchen sonnt sich dort
am Horizont – geborgen – in dem Wort –
das mit der Lerche aufwärtszog
in den Wattewölkchen jenes Lächeln
aufzunehmen – für diesen Augenblick:

… Umarmt …!

95

Werden im Sein

… Und ich ging die Straße der Wörter: geboren.
… Und ich ging die Wege des Lichtes: Werden im Sein.
… Und ich trottete gemächlich hinüber –
… und.

… Und ich bog um die Ecke: Altes empfing mich.
… Und ich schloss die Augen: um wortlos zu sein.
… Und ich gab mir die Sporen: Ich flog ins Vergessen.
… Und!

… Und ich log, um die Wahrheit zu erkunden.
… Und ich gab mich sündenhaft: um frei zu sein.
… Und ich sollte töten: Krieg, da hörte ich auf
… ein Mensch zu sein.
… Und!

… Und ich ging die neue Straße: unverstanden.
… Und ich ging die Wege der Dunkelheit allein.
… Und ich trottete gemächlich hinüber:

… Und? … Werden im S e i n!

96

Europa heute 1993 … 2006 … 2020 …

Zwischen all den Zusammenschlüssen:
Kriege!

Zwischen all der Euphorie:
Trara!

Zwischen all dem Siegesheulen
Menschen, die verzweifelt weinen.

Zwischen all dem Zwischen
nicht ein Friedenswort.

Zwischen all den Lichtsymbolen
tiefe Schatten.

Zwischen all dem Berggeschrei
die Kirche Mensch, den Menschen tötet.

Zwischen all den Glaubenskriegen
wird aus Niederlagen: Sieg gemacht!

Zwischen all dem Zwischen
nicht ein menschlich Wort! …

97

Wie oft schon bin ich diesen Weg gegangen.
Mal fliegend und mal bitterlich verstört.
Ihr Fenster ohne Trost, es war verhangen.
Der Mond zog eine Wolke vors Gesicht.

Der alte Kirchturm Kindheit grüßte – dunkel.
Das Käuzchen rief: »Komm mit, tritt ein
ihr Raum.« Nimm auf die Blüte
erste Liebe: Wird's deine letzte sein?

Am Scheidewege des Erwachens: Leben wollen,
das Kriegerdenkmal auf dem Kirchturmplatz
in helles Licht getaucht; und Kinder tollen
so wie damals, im Spiel des Lebens, ahnungsvoll

dem Sein und auch der Zeit entgegen …
Gedanken an daheim.

98

Ausgezogen war ich
Friede zu suchen.
Was ich bekam, war Krieg.

Ausgezogen war ich
Liebe zu suchen.
Was ich bekam, Hass!

Ausgezogen war ich
Geburt zu suchen.
Was ich bekam war: das Kreuz.

Da blieb ich stehn
ließ Krieg, Hass, das Kreuz
vorüberziehn,

zündete in mir ein Licht
und ich sah die Liebe
Friede – sogar die Geburt!

99

Ägypten 2007

Dort, wo der Regenbogen geboren wird ...
ich war dort: Korallenriffe, Fische
in leuchtenden Farben, siebenfach
die Farben an der Zahl ... und mehr!

Bin ich wirklich schon auf Erden angekommen?
Oder lebt das Wort allein in diesem Äther
sterneentfernt? Und ich? Ich bin noch
ungeboren artenfremd: menschenleer?

Ich sah den Geburtskanal des Regenbogens
jene »blaue Oberfläche Rotes Meer«,
und auf der Dünung meiner Augen lag
der Inbegriff, das Licht zu teilen
damit der Traum vom Farbentaumel

der die Welt umrundet, sichtbar wird
in meiner Hand. Dann plötzlich
dieses Leuchten, dieses Himmelslicht am
Firmament, das alle Grenze sprengt,
da sie im Wort alleine sich verdichten –
aufgehoben in der Feder, die das Licht
verklärt: im Primenglas, der meinen Hand.

Und wo endet er, der Bogen? Jene Frage, die
in Schmerz und Trauer ich vergessen möchte?
In Kairos Gräberwelt, besiedelt von 100 000
Wesen, dort in den Müllmenschen-Vierteln
hier werden alle Farben enden, und der Regen-
bogen selbst wird farblos: Schatten-Welt.

100

Das große Wunder Wort
Der, das (eine »1«) … Der Priel!

Runderneuert forme ich die Wörter
und der Rahmen Ich steht wie ein Held davor.

In der Ohnmacht dieses Ich zu rahmen
fällt der Schnee vom Dach des Hauses
und wird Masse: All – ich und du!

Auf der Veranda steht im Hemd
»den Morgen zu begrüßen«
ein stilles gedankenloses Wesen:
menschenfremd.

Und? Befragt das All: »Was soll ich denken?«
Da befreit das Wölkchen, beladen bunt
das Sonnenlicht im All zu lenken:
mich, mit dem Brötchen-Bissen noch im Mund.

Runderneuert war mein Wort, das Ränke-Spiel
mit Vielheit auch die Einheit zu benennen:
die Träne Morgenglück der PRIEL
fließend runderneuert als Meer zu erkennen.

Dann? Kam die Flut und der PRIEL
gab seine Ufer seiner Einheit Wort, der Flut.
Jetzt wartet auf die Ebbe er, das ist sein Ziel
Einzelner im Watten-Meer, wieder PRIEL zu sein: gut,

so bieten die Gezeiten Masse und Einheit im Wort-Geheiß:
Der PRIEL ist 1. Auch das Meer im Worte 1: im Kreis!
… der Masse gleich … etc.

Mein kleines Abc als Übergang zum Abschied von Leipzig

A

Auf den Müllhalden der Welt
sind die Reste des Verstandes
ausgelagert
Abfall … Unverstand.

Das Fragment ist Teil
des Gesagten
kurzerhand Bruch-
teil, dem Verstehen
Überschrift zu geben.

Bei den Schlagzeilen bleibt
das Fragment
Müllhalde der Welt

… als Kurzwort
im I-Phone das Ich zu sehen.

Der Rahmen blieb.
Der Rest Wort war längst verbrannt:
abgeschaltet:
… I-Phone-Fragment! …

B

Trennung

Meine Trennung war Bindung
an das Verstehen:
mich zu sehen.

Auf der Anrichte
blieb das Bild
für sie, die kamen.

Im Ofen knisterte das Holz.
Die Flamme brannte
das Erkannte fort.

Der Rahmen aber blieb
das Gelöbnis, Trennung
als Bindung zu verstehen.

Erloschen das Bild.
Der Rahmen blieb erhalten
andere Bilder zu verwalten! …

Bis irgendein Feuer
diese Bindung Leben, die Zeit
aus jenem Rahmen befreit.

Hier wird Trennung stets
jene Bindung sein
ständig aufs Neue zu gesunden.

C

»Ich bin«

Der Computer sagt: »Ich bin!«
Dann sage ich: »Nein, ich bin!«

Im Umbruch die Welt – dort –
wo das Ich Maschine wird

denn der Computer sagt weiter
mir: »Ich bin!«

Jetzt hat man endlich das Ich
abgestellt – untergeordnet –

Punkt oder Strich zu sein, und
niemand sah es im Schein

der Einfachheit zum Unterpfande
in der Stadt, auch auf dem Lande

der Computer ist schon lange ICH!
und »ich?« bin nur noch du oder er!

Ich horche auf: »Du musst, du darfst!«
Dann »Du kannst« und weiter so!

»Ich bin«, spricht der Computer
»Und du?« und er fragte mich!

Ich horchte auf: »Du musst, du darfst!«
Wo bleibt dort vor Ort dann

Rudolf Steiners höchster 12. Sinn
nach dem vorgelagerten 11. der
Gedanken-Begriffssinn?

Der »Ich-Sinn« ging unter. Und?
»Ich bin? »… lang, lang ist's her …!

Ausklang meiner 100 Gedichte. Mein Abschied von Leipzig: dem Johannes-R.-Becher-Institut!

DDR-BRD-Menschen? Ja, ich war DA, und ich sah!

Als einziger Bürger (BRD) vor der Einheit (D) hier am Johannes-R.-Becher-Institut (der Uni Leipzig unterstellt) von Hamburg aus, einmal monatlich drei, vier Tage vor Ort: in Leipzig. Zum Semesterende stets Urlaub für die Semesterarbeiten; mit Freuden hin: Sinn bei Sinn! Mit Menschen zu arbeiten, das ist die Poesie wie auch die der Philosophie. Im Grundelement, verstehen zu wollen: geben wie nehmen.

Meinem Mentor dort vor Ort, dem Direktor Prof. Helmut Richter (verstorben am 3. November 2019), seinem Buche folgend, an seine »100 Gedichte« knüpfe ich an, in lieber Erinnerung an mein Studium, an die »kleinste Hochschule der Welt«, so liebevoll in der DDR benannt. So huldigte man in der DDR mit seinem Namen Johannes-R.-Becher-Institut seinem Werk.

Krieg, Mord und Tod. Emigration, Selbstmordversuche usw. So begleitete Becher mich in meinem Studium in Leipzig, täglich, stündlich! Nicht alles war mir offenbar, ohne sein Leid an das eigene Ich herankommen zu lassen. Aber? Ich fand an dieser Stelle, an der Uni Leipzig, die sich nach der Wende offiziell – dort – zu seinen Dichtern, Poeten, Romantikern und Realisten zu erkennen gab. Dieses, mir unendliche tiefste und reinste Wort Bechers, was mir begegnete: »Riemenschneider«, es sollte ein Teil von mir werden, darum nahm ich es in meinen Wortschatz auf, um jedes Ende zum Anfang zu gestalten!

Hier, sein poetisches Wort Riemenschneider. Ich sah (und sehe heute) sein ganz persönliches Schicksal in diesen Zeilen hinterlegt, über alle DDR-BRD-Zeit hinaus. Für mich sind diese Zeilen die tiefsten und reinsten Wort-Begebenheiten, die ich bis dato sah!

»Riemenschneider, ein Holzschnitzer … Altar-Schnitzer«!

Hier nun sein Text:

Riemenschneider

Als er eines Tages, vorübergehend,
Einen blindgestochenen Bauern sah,
Sagte er: »Ich mach dich wieder sehend!«
Und er schnitzte ihn aus Holz, das ja

Aus demselben Stoff war. Alle Lasten
Schnitzte er, die solch ein Bauer trug,
Ins Gesicht hinein, vom vielen Fasten
War um seinen Mund ein bitterer Zug.

Da das Werk für den Altar bestimmt,
Um zu zeugen und um anzuklagen
Ließ den Bauer er die Kreuzlast tragen

Als die Fahne, die ihm keiner nimmt –
Und der Bauer, der geblendet war,
Sah mit großen Augen vom Altar.

Im Grunde ist dieses Gedicht der Hinweis auf die Bedeutung
der täglichen Sprache, dem blind gestochenen WORT »in sich«
die Augen wieder zu öffnen. Denn (?) wir alle leben in (mit)
diesem Wunder Sprache »tagaus, tagein«. Und doch gehen wir
Tag um Tag blind an diesem Wunder WORT vorbei, tiefst in
der Seele, in seinem Selbst sich ständig neu zu erlösen.

»Blindgestochen«, so gehen, die meisten Menschen, im täg-
lichen Leben mit dieser Kreuzlast: gut/böse ... wahr/unwahr
um. Heute sogar blindgestochen über I-Phone-Technik über-
setzen zu lassen. Das Leben selbst aus der Hand zu entlassen:

Technik, nicht im »Ich-Sinn«, dem höchsten 12. Sinn Rudolf Steiners, zu leben, zu erleben.

Hast du je gedacht dein Wort in die Hand zu nehmen? Deinem Lächeln die ureigene Form wiederzugeben? Dort, wo in der steten Annäherung »Frage/Wort« die Dunkelheit, die bittersten Züge deinen Atem erdrücken? Schnitze deine Wörter ständig neu, und du wirst erfahren, du beginnst geschlossenen Auges völlig neu das Wunder Sprache zu verstehen.
»Und der Bauer, der geblendet war,
Sah mit großen Augen vom Altar.«

Zu guter Letzt noch meine Dozenten am Johannes-R.-Becher-Institut
Direktor Prof. Helmut Richter
Stellvertreter der Lyriker Peter Gosse
Prof. Dr. Friedrich Albrecht
Prof. Dr. Bernd Leistner
Prof. Dr. Peter Reichel
Dr. Günter Gießler
Frau Dr. Wolff
Und die Seele im Büro und restlicher Angelegenheiten: Frau Roswitha Engel
Mein Dank nochmals allen, die es mir damals ermöglichten, mein Studium beginnen und halten zu können.

August-Wilhelm Beutel, damals Hamburg – heute 22941 Bargteheide
Abschied? Ja, aber Leipzig in sich bleibt immer ein Teil von mir. Ich: A. B.!

Johannes R. Becher (S. 203) in seinem Werk
»Muttersprache: Dein Wort hat mich einst in den Schlaf gesungen
Liebkosend mich, ein zarter Muttermund.
Durch viele Wände ist Dein Wort gedrungen
als ein Geflüster, heimlich und vertraut!«

***

Muttersprache
Ich zähl die Wörter nicht, die mir geblieben
als ich zur DDR-Zeit noch ein Stipendium bekam.
Das Johannes-R.-Becher-Institut, dort schrieben
sich die Menschen ein, und ich gab mich hin ohne Scham

trotz heimischer Hetze ein Verräter oder gar Spion
zu sein. Ich zählte die Menschen: Sie waren Zahl.
Der Mensch an sich blieb ohne Kollision:
Somit war ich einziger BRD-Student, als Wahl

mich mit Menschen in Poesie, Literatur
zu messen, außerhalb von Zahl und Raum,
das große X im Almanach der DDR-Kultur

mich, der Uni Leipzig angelehnt, mit Bravour
der »Kaderschmiede deutscher Poeten«, den Saum
zu verinnerlichen: nur Mensch zu sein in meiner Natur:

Muttersprache … D u !